두려움 너머
희망을 만드는
셀프코칭

두려움 너머 희망을 만드는 셀프코칭

지은이 | 안앤지 유인상 유혜정 한상진
펴낸이 | 안제인리
펴낸곳 | 동행출판사
1판1쇄 | 2023년 5월 13일
등록번호 | 제2022-000020호
주소 | 서울시 종로구 성균관로4길 37 101호
전화 | 02-744-7480
FAX | 02-744-7480
전자우편 | dhaeng33@naver.com

값 12,000원
ISBN 979-11-978248-6-9 03810

* 이미지 출처 | 편집부, 저자들, Pixabay
* 이 책의 판권은 지은이와 동행 출판사에 있습니다. 양측의 서면 동의 없는 무단 전제 및 복제를 금합니다.

두려움 너머
희망을 만드는
셀프코칭

동행

들어가는 글

나는 서울에서 나고 자란 서울토박이이다. 고등학교 때 수학여행으로 경주불국사를 갔을 때 처음 바다를 봤을 정도로 서울을 한 번도 벗어나 본적이 없는 서울 촌뜨기였다. 그러나 나의 미국유학을 시작으로 내 주변 가족과 친척들은 한국, 미국과 캐나다의 세 나라에 흩어져서 타문화와 다른 인종집단과 공존하며 사는 다문화사회의 일원이 되었다.

현재 대한민국은 더 이상 단일민족국가가 아니다. 대한민국은 다양한 민족이 어우러져 살고 있는 다문화 국가이다. 외교부의 자료에 의하면, 2021년 현재 약 732만 명의 재외동포들이 전 세계 193개 국가에 흩어져 살고 있고 한국의 국내 거주 외국인 주민 수는 2021년 현재 약 213만 명에 이르고 있다. 2023년 현재 대한민국의 총 인구는 약 5,143만 명에 이른다. 우리나라 총 인구수의 4%가 외국인이고 대한민국 총인구수의 14%에 달하는 수치가 외국에서 거주한다고 추산할 수 있다. 해당 수치는 국가봉쇄로 이어졌던 2019

년 코로나 팬더믹으로 인해 2019년 현재 재외동포 수 745만 명과 국내거주 외국인 주민 수 222만 명에서 감소한 숫자이다. 이제 다시 코로나 전 상대로 회복 중인 요즈음은 다시 그 숫자가 증가하고 있는 중이다.

코로나 팬더믹 기간 동안 국경봉쇄로 소통이 어려운 시점에서 국내외의 코치들은 온라인 모임을 통해 활발하게 교류를 시도하였다. 전 세계를 연결할 수 있는 온라인 모임을 활성화시킨 것은 눈부신 IT의 발달 덕분이다. IT의 발달과 함께 평생학습자로서의 정체성을 가진 코치들은 빠르게 새로운 온라인 문화에 적응하며 영상모임을 통해 전 세계 사람들과 활발한 소통을 하게 되었다. 2020년 가을쯤 온라인으로 만나 교류하던 타문화에 거주하고 있는 코치들에게 셀프코칭을 진행한 기록을 남겨보자고 제안하였다. 내 아이들을 비롯하여 앞으로 모국이 아닌 이민지에서 살아가야 할 한국의 1.5세나 2세들에 대한 애정 때문이었다. 한국을 떠나 타문화에 적응하면서 겪었던 우리의 경험과 어려움을 통한 성찰이 다른 재외 동포들과 한국 내 타문화권 주민에게 도움이 될 수 있을 것이라 생각했다. 특별히 외국에 거주하는 이들의 바람은 자녀들이 이민자로서 타문화권 안에서 두 문화를 모두 포용하고 건강한 세계시민으로 행복하게 사는 것이다. 부모로서 자녀에게 자신들이 겪었던 이민지에서의 삶의 경험과 생각과 지혜를 전해주고 싶었다. 특별히 문화가 다른 타문화권에서 살아야하는 환경 탓에 많은 어려움을 겪는데, 특별히 자아정체성의 혼란이 있을 경우는 더 어려운 경우가 많다. 이미 타문화에서의 힘든 어려움을 겪어낸 경험한 코치들은 자녀뿐 아니라 타문화권에서 살아가는 사람들에게 21일간 자신을 돌아보는 셀프코칭을 하면서 자신의 자아정체성변화와 성찰경험을 글로 남기고자 했다.

셀프코칭을 통해 자신을 돌아보고 성찰하게 된 이유는 코칭을 통해 얻는 효과뿐 아니라 혼자서 진행할 수 있는 셀프코칭이 세계 어느 곳에 있든 가능하다는 점 때문이다. 셀프코칭은 인간의 본성을 탐구하는데 유익하고 사람의 삶의 세계와 일반적인 입장, 신념, 가치 등에서 볼 수 있는 특별한 도전을 이루도록 고객을 지원하는 것에서 셀프코칭 효과가 발휘된다. 특별히 셀프코칭은 자기 자신과 성찰중심대화로서 자기의 정체성이나 자기의 개념을 확립하려는 고객의 욕구에 부응해서 이루어지도록 스스로 코칭하는 것이다. 즉, 자신과의 대화를 통해 스스로 목표를 명확히 하고 목표를 달성하기 위해 방법을 찾아가는 것이다.

타문화거주민들은 일상을 두 문화의 영향권에서 살아간다. 미국이민자이며 신학자인 이정용 교수는 이민자의 정체성 개념을 세 가지로 설명하였다. 먼저 'In-Between'인 주변인은 이민 초기의 이민자로서 주변인으로서의 정체성을 지니고 두 문화에서 소외되어 주변인으로 살아간다고 설명한다. 시간이 흐르면서 어느 정도 적응을 하게 되면 두 문화를 초월해서 자신의 원 문화와 거주지 문화를 둘 다 향유하는 두 번째 단계인 'In-Both'의 상태가 된다. 주변인으로서의 정체성을 지니고 있지만 원 문화와 주거지 문화의 주류로 활동하게 된다. 다음 세 번째 단계는 'In-Beyond'로서 자신의 위치를 바라보는 관점이 '주변인'이 아닌 주체로 인식하고 '새로운 중심'으로 변화되는 상태이다. 두 문화를 초월한다는 것은 In-Both의 상태와 같으나 바라보는 관점이 자신을 주변인이 아니라 주체로서 중심을 창조하는 존재로 보고 자신을 중심으로 두 세계를 보는 것이다. 마치 우리나라 가수 BTS가 POP의 본산지인 미국에서 활동하며 전 세계 음악 트렌드의 새로운 중심을 창조한 것 같은 이치이다. 그들은 한국그룹 BTS가 아닌 글로벌스타로서 세계 음악의 방향을 움직이는 새로운 주체적 중심이 된 것이다.

이들처럼 타문화권에 거주하는 모든 재외 동포들과 또 한국에 사는 모든 외국인 주민들이 자신이 있는 자리에서 주체로서 존재하며 각자 새로운 창조적인 중심으로 'In-Byond'의 삶을 살도록 돕는 것이 셀프코칭이라는 확신이 들었다.

21일간의 셀프코칭을 경험한 코치들은 그 여정을 거치며 In-Between과 In-Both의 상태에서 In-Beyond의 상태로 변화하는 정체성의 대전환을 목격했다. 타문화 거주를 통해 주변인으로 겼었던 경험들은 새로운 경험과 통찰을 통해 창조적인 성찰과 삶의 태도를 이끌어 냈다.

셀프코칭에서는 그들의 타문화거주의 경험과 더불어 인간을 바라보는 세계관인 코칭철학의 힘 그리고 코칭프로세스의 힘이 함께 힘을 발휘하였다. 셀프코칭에 임한 코치들은 코칭의 철학인 인간의 온전함과 자원이 풍부하고 창조적임을 기초로 한 코칭의 힘을 믿고 실제로 그 철학을 셀프코칭과정에서 보여주었다. 온전히 코칭질문에 자신만의 답을 찾아나가는 여정을 통해 처음 이민 와서 겪었던 거절감과 무존재감이나 소외된 주변인으로서의 자아정체성이 두 문화를 연결하고 창조하는 연결자와 창조자의 자아정체성으로 매우 드라마틱하게 변화하는 것을 볼 수 있었다.

셀프코칭의 질문은 질문을 개발한 분의 요청에 의해 책에 담지 않았다. 그러나 각 코치들의 글마다 소제목이 있으므로 글쓴이의 생각에 충분히 공감하며 편안하게 읽을 수 있을 것이다. 모든 내용은 자신의 내면을 관찰하고 자기존재에 대한 깊은 성찰을 통해 자기 자신을 탐험하며 의식을 따라 작성한 글이다. 참여한 코치들은 매일의 질문에 자신만의 답을 찾기 위해 자신을 탐색하며 성찰하고 깨달음을 통해 여러 번의 관점전환의 시기를 맞이함을 알 수 있었다. 각 코치의 글을 읽다 보면 독자들은 글쓴이가 언제 관점전환이 일어나는지 발견하는 즐거움도 있다. 각 저자들은 대체적으로 셀프코칭 초기에는 타문화권으로 이민 가서 느꼈던 자신의 감정상태 그리고 처음 셀프코칭에 대한 성찰내용이고 중기에는 자신을 둘러싼 상황에 따른 자신의 반응, 즉 경험한 고통이나 어려움을 대하던 자신의 마인드셋을 자각하고 통찰을 통해 깨닫고 관점전환을 이루는 과정을 기록했다. 후기에는 관점전환을 통해 이루어진 자신의 새로운 정체성을 기초로 구성된 완전히 새로운 생활양식과 비전과 가치를 성찰하고 새로운 행동양식으로 움직이고 있다. 이 책을 통해 독자들이 코칭의 파워와 생각그릇이 확장되어 한층 큰 사람으로 성장한 글쓴이들의 모습을 만나보길 바란다. 독자들이 셀프코칭을 경험하고 싶은 동기가 되어 코칭이 모든 이에게 일상이 되는 때가 오길 소망한다.

  짧지 않은 21일간의 기간을 셀프코칭 전에 마음챙김명상을 하고 생각날 때마다 모닝 페이지를 진행하며 열심을 내신 세분의 코치님 유인상, 유혜정 한상진 코치님께 감사의 말씀을 올려 드린다. 그리고 4명의 저자들의 개성에 맞게 글도 고르고 편집해주신 고심해주신 이제인 편집자께도 감사하다는 말씀을 드린다. (안앤지 코치)

차례   들어가는 글   5

1부. 나를 바라본다

나를 생각한다.	21
내가 원하는 나	23
두 문화권 사이의 나	24
나와 전문코치	25
다른 사람이 바라보는 나	27
숨기고 싶은 나	30
현재 나의 삶에서 만나는 현실	34
나를 일으키는 힘	38
두려움 뛰어넘기	41
삶의 본질 알아채기	43
나를 힘들게 한 경험의 반전	46
외로움이 구별됨으로	51
힘든 경험이 내게 준 교훈	52
의식의 변혁-외로움이 구별됨으로의 대전환	53
반복되는 나의 삶의 패턴-중도포기	58
후회를 통해 배운 것들	60
피해자 자리에서 벗어나기	62
고통과 그가 준 교훈	65

고마운 나의 멘토 은인들	71
삶의 고난을 통해 얻은 기회와 가능성	73
고유하고 빛나는 나	76
미래 성공을 상상하는 유익과 실현	78

안앤지 코치의 글

2부. 삶의 길, 구도의 길

나는 순례자입니다	85
나는 나를 관찰합니다	85
환경과 나	86
학습된 나	88
나는 직업인입니다	89
다른 사람과 나	91
코치가 되기 전의 나	92
숨기고 싶은 나	93
나는 평범합니다	95
현실의 나	96
두려움 너머 존재 표현	99
Nonsense와 본질 알아차림	100
1년 후 내 생의 끝에 선다면	101
삶의 쓰레기를 내다 버립니다	102
핵심 감정	103
나의 핵심 가치(Core Value) 찾기	105
성장하고 있는 나	107
나의 자녀	109

나의 삶의 패턴 깨닫기	111
후회하지 않기 위한 결정	112
작은 실수와 교훈	115
피해자 탈출	116
고통의 교훈	117
나의 등을 두드려 줍니다	118
기회와 가능성	120
나는 감사합니다	122
충분한 감사	123
빛나는 나	125
나의 브랜드 사진	127
전문코치로서의 나	130
사회문화와 나	132
다시 나로 섭니다	134

3부. 파도 타는 발레리나

나를 표현합니다	139
나는 _____	140
반성이라는 질료로 나를 그립니다	143
두려움 넘어서기	144
나를 중심에 앉힙니다	145
나는 여행자입니다	146
피해자 탈출	148
나를 교정합니다	151
고통의 선물	152
보물선이 되었습니다	153
나는 연출가입니다	155
나의 장바구니를 쏟아놓습니다	157
나는 기댈 수 있는 언덕입니다	158
나는 무대에 오른 배우입니다	159
나는 비로소 내가 되었습니다	161
나는 소망합니다	165

4부. 나는 아직 공사 중입니다

서두	169
사회 문화적 환경과 나	169
직업인으로서의 나	171
다른 사람과 나	173
숨기고 싶은 나	175
현실 속의 나	175
두려움 너머 존재 표현	177
Nonsense와 본질 알아차림	178
핵심 감정	179
나의 핵심가치(Core Value) 찾기	180
지금의 나를 공개한다	183
코칭을 배우는 이유	185
나를 행복하게 하는 것들	186
행복을 깨치는 것들	188
꿈을 찾아 떠나는 여행 이야기	188
나의 삶의 패턴 깨닫기	189
후회하지 않기 위한 결정	190
피해자 탈출	192

고통의 교훈	193
기회와 가능성	195
충분한 감사	197
빛나는 나	199
성공한 나만의 브랜드 사진	201
전문코치로서의 나	202
사회문화와 나	203
셀프코칭의 여행을 마치고	207

한상진 코치의 글

1부

나를 바라본다

— 안앤지 코치의 글

나는 다른 사람이 갖지 않은 독특한 장점을 가지고 있다.

- 안앤지 코치

나를 생각한다.

  나는 환경에 잘 적응하는 사람이다. 어떤 환경에든지 잘 적응하고 금방 그 환경에 스며든다. 나는 현실에 충실한 편이다. 늘 하루에 해야 할 여러 가지 일들이 많은데 그날그날의 일을 해치우느라 허덕인다. 그러나 그 일을 잘 해내고 나면 뿌듯한 마음에 스스로 만족스러워한다.

  오롯이 나 자신에 대한 성찰과 나다움을 더 알아가고 싶다. 많은 사람에게 도움을 주고 싶은 욕심도 있다. 그래서 도움이 필요하다고 하는 사람의 연락을 받으면 그냥 보내지 않고 꼭 응대를 한다. 능동적이고 자신의 의지에 따라 만들어 가는 삶이 아닌 누군가의 통제를 받는 것을 원하지 않는다. 누군가의 통제 받는 것을 싫어한다. 특히 강압적인 제스쳐나 목소리는 나의 감정을 끓어오르게 하는 무엇이 된다. 혼자 지낼 수 있는 나의 시간을 잘 활용해야겠다. 그래야 생각을 발전시키고 깊이 있는 사유가 가능할 것 같다.

  매일을 바쁘게 달리는 나는 두 아들들에게 편안함과 안정감을 주고 싶다. 아이들이 일과 공부로 지친 일상에서 지칠 때마다 부모에게로 돌아와 새 힘을 얻고 언제든 세상으로 나아가 도전하고 본인들이 원하는 성공을 성취하는 모습을 보고 싶다.

지금까지 사는 동안 나는 누구지? 하는 생각을 참 많이 하고 살았다. 언젠가 오랜만에 만난 대학 친구가 "너는 언제나 무슨 일이든 정말 열심히 하던 친구야"라는 말을 듣고 타인을 통해 내가 누구인지 생각하고 나의 정체성을 인식하며 내 자신을 객관적으로 바라보는 나를 느꼈다. 스스로를 돌이켜보면 나는 늘 배우는 것을 좋아하고 무엇이든 완벽하게 하려고 애쓰는 사람이다. 나는 명분이 참 중요한 사람이다. 내가 불편한 마음이 들어도 해야만 할 이유가 생기면 묵묵히 해내고야 마는 성격을 가졌다. 할 수 없다고 생각해도 결국은 다 해내는 끈기와 인내심을 가지고 있다. 때로는 나는 목표를 세우면 무작정 시작하고 끊임없이 시도하는 사람이라는 생각이 든다. 지난 10년간 정리하지 않고 쌓인 외장하드의 자료들을 보니 그저 열심히 채우고 채운 나의 욕심을 보는 듯하다. 열심히 무엇인가를 한 흔적들 그리고 그것들을 보면서 정말 쉴 틈 없이 달려온 나를 본다. 그런 나를 다독일 시간도 없이 가족들과 시댁식구들을 챙겼고 한편 코치로서 일과 공부를 병행하느라 참 바쁘게 살았다. 이렇게 열심히 산 나를 조금은 위로하고 싶은 생각이 든다. 이젠 좀 천천히 가도 된다고 다독이고 싶다.

내가 원하는 나

 내가 정말 원하는 것은 조금 천천히 여유를 즐기며 정원도 가꾸고 내 안의 많은 생각들을 정리도 하고 싶은데 현실은 해야 할 것이 많아 복잡하고 부산하다. 하고 싶은 일이 아니고 해야 하는 숙제들이 산적해 마음을 무겁게 한다.

 곰곰이 생각해보면 그 일들은 모두 나 스스로 선택해서 하는 것들이라는 생각이 든다. 그렇다면 이 복잡함과 바쁨도 즐길 수 있어야 하는 것 아닐까? 어떻게 하면 내가 선택한 여러 삶의 숙제들을 천천히 즐기며 할 수 있을까? 예전에 NGO단체에서 일을 할 때가 생각난다. 출근길에 회사의 정문에 들어설 때마다 오늘 할 일들을 생각하고 심호흡을 하고 호기롭게 들어갔던 기억이 난다. 회사에서 해야 할 일들이 엄청 많았고 정신없이 일하다보면 어느새 퇴근할 때가 되어 회사정문을 나설 때는 그 많은 일을 다 해내고 기분 좋게 퇴근했던 기억이 있다. 지금도 그때 출근길의 현관 앞에서처럼 심호흡 한번하고 자발적으로 또 호기롭게 많은 일들 속으로 달려가야겠다. 이 부분에서 중요한 것은 '천리 길도 한 걸음부터!' 하나하나 천천히 하자. 그리고 자발적으로 내가 좋아서 하는 일임을 잊지 말고 할 것을 스스로에게 주문

한다.

두 문화권 사이의 나

나는 아들을 매우 귀하게 생각하는 집안의 셋째 딸로 태어났다. 아버지는 4대 독자 외아드님이셨다. 맏이로 오빠는 3살을 넘기지 못하고 사망하고, 그 후 딸 셋과 아들 둘을 두셨다. 아버지는 늘 외부 일로 부재중이셨고 여장부이신 어머니는 사업을 하시면서도 젊어서 혼자되신 홀시어머니를 모시며 자식 다섯을 건사하는 일과 손님이 끊임없었던 집 건사로 항상 바쁘셨다. 그러다 보니 나는 부모님의 관심이나 가족의 관심에서 벗어나 혼자서 조용히 지내는 아이로 존재감이 없는 아이로 자랐다. 24세에 미국 유학을 떠나기 전까지 대가족 속에서 살았지만 생각나는 장면은 늘 혼자 있는 모습니다.

1984년 겨울 처음 미국 땅을 밟은 이 후부터 시작된 한국과 미국의 두문화권을 오가며 사는 나의 삶은 거의 40년 가까운 요즈음도 여전하다. 나의 삶은 여전하나 큰 변화도 있었다. 무엇보다 2019년 말 시작된 코로나 팬더믹은 나의 삶의 터전이 한국이나 미국 어느 곳이어도 별문제가 되지 않게 만들었다. 많은 일을 온라인으로 진행하다 보니 거주는 문제가 아니었고 단지 시간 차이만 있을 뿐이었다. 요즈음의 나는 한국일정과 미국일정을 모두 소화하며 한국과 미국 문화권을 초월하며 두 곳 모두에서 살고 있다. 두 문화권 모두에서 그냥 나 자신으로 서 있는 것 같다. 미국의 삶은 오히려 더 나 자신에게 집중할 수 있는 시간이 많다. 외부의 방해가 거의 없는 곳에서 지내다 보니 마음이 더욱 차분해지고 나 자신에게 집중할 수 있는 시간이 많아진다.

나와 전문코치

나는 2012년 처음 코칭을 접하고 그 매력에 푹 빠져 사는 전문코치이다. 이 일을 전문적 직업으로 살 것이라고 생각하고 시작한 것은 아니지만 코치 일을 하는 동안 어느 순간 자연스럽게 전문코치로 서 있는 나를 발견하게 되었다. 처음은 무료와 자원봉사로 시작하였지만 천천히 유료로 전환되면서 차츰 모든 코칭세션을 유료로 진행하게 되었다. 2018년에는 서울시 스타트업기업 지원에 선정되어 종로1가 글로벌센터 7층 사무실을 지원받아 사업자 등록도 하고 적극적인 코칭비즈니스를 시작하였다.

지난 10년간 만났던 많은 코칭고객들과 자원봉사로 만난 청소년과 청년들이 생각난다. 코치가 되면서 처음 했던 일이 NGO 단체에서 상담코칭프로그램을 운영하고 보호관찰소 등에 자원봉사자를 파견하는 업무를 했었다. 자연스럽게 위기청소년이나 어려움에 처해 있는 사람을 만날 기회가 많았다. 기억에 가장 많이 남는 사람은 처음 만나자마자 자살 이야기만 늘어놓았던 청년이었다. 1시간 내내 죽는 이야기를 들으면서 나는 부지런히 그의 강점과 자원탐색을 하였다. 그의 말끔하게 이발을 하고 온 머리모양을 보고 반영해 주며 그의 살고 싶은 의지를 찾아내어 반 깨닫도록 도와주었다. 그 후, 그와의 만남에서는 죽고 싶은 이야기가 아니라 사는 이야기로 넘쳐났던 기억이 있다. 이런 경험을 통해 모든 사람은 자신의 존재를 인정받고 싶고 잘 살고 싶은 욕구를 갖고 있음을 실제적으로 확신하게 되었다. 사람들과 만날 때 어떤 상황에서도 그의 긍정적인 의도를 보려고 애쓰며 강점과 자원탐색을 매우 중요하게 생각하게 되었다. 나는 전문코치로서 고객과 함께 하며 그들의 변화와 성장을 진실로 기뻐하는 동행자로 함께 성장하는 삶을 살고 싶다.

다른 사람이 바라보는 나

　다른 사람들이 나를 어떻게 생각하는지는 알 수 없다. 다만 그들이 행동하는 것과 분위기 그리고 나에게 건네는 말에 따라 그들이 나를 어떻게 생각하고 있는지 짐작해 볼 뿐이다. 친정엄마는 나를 똑 부러지고 야무지지만 인정머리는 없다고도 하고 남편은 몸집은 작아도 큰 사람이라고도 한다. 아이들은 큰 울타리로 생각하고 자신이 좋아하는 것은 다 좋다고 해주는 사람으로 생각하는 것 같다.

　가족들은 지난 시간 동안 나의 헌신을 인정하는 분위기다. 시댁식구들에 대한 헌신과 자녀들에 대한 헌신 그리고 다시 친정 부모에 대한 헌신들을 보면서 사랑은 말로 하는 것이 아니고 손이 움직여 행동으로 표현해야 함을 안다. 요즈음 어려움 속에 있는 맏아들에게 막내아들이 수시로 전화를 하고 형과 함께 시간을 보내고자 긴 시간 운전을 해서 달려오기도 한다. 같은 지역인 캘리포니아에 살고 있지만, 남쪽에서 북쪽까지 8시간을 운전해야 하는 곳에 사는 동생이 휴일이면 부모와 형과 시간을 보내려고 애쓰는 동생의 모습이 대견하고 고맙기도 하다. 사랑을 행동으로 표현하고 나누는 모습이 참 예쁘다.

친구들과 고객들은 나의 기억력에 놀란다. 오래전 코칭을 받은 내용을 잊지 않고 기억해주면 감동하는 고객들도 많다. 친구나 동료들도 나를 매우 친절하고 세심하게 배려해주는 사람으로 생각하는 듯하다. 비즈니스 코칭에서 만났던 OOO실장이 생각나는데 비즈니스로 만났지만 자신의 사적인 고민도 따로 의논하는 것을 보면서 고객이 친구가 되는 순간도 경험했다. 나는 누구에게나 나를 용납하고 사랑해주길 바라는 사람인 것 같다. 열심히 섬겨주고 그들이 잘 되면 기쁘고 또 가끔은 알아주면 더 고맙고.... 가끔은 알아주지 않아 섭섭하고.... 그런데 알아주지 않는 것은 당연할 듯하다. 나는 굳이 나의 일을 알리길 원하지 않았으므로 당연한 일인데 때로는 공치사하는 나를 발견하면 곤혹스러울 때도 종종 있다.

아들들은 엄마인 나를 누구라 할까? 그의 눈으로 나를 돌아본다. 가장 투명한 눈으로 엄마인 나를 바라봤을 아들의 모습이 떠오른다. 예전 아들의 전부였을 나. 모든 것의 롤모델이었을 나를 생각하니 다시 한 번 가슴이 서늘하다. 아들과 엄마가 참 많이 닮아있는 나를 발견한다. 기름이 붙어있는 고기와 기름진 것을 싫어하는 것도 판박이 식성도, 열심히 공부하고 뒤도 돌아보지 않고 성실한 모습도 판박이다.

그 아들이 보는 나는 어떤 판단이 없는 나일 것 같다. 그런 아들에게 나는 그저 물 같은 존재 혹은 공기 같은 존재일 것이다. 아무런 판단을 하지 않는 존재이고 그냥 그렇게 앞에 있는 편안한 사람이지 않을까.... 그런데 이제 30대 초반의 건장한 아들들은 모집도 왜소하고 연약해진 엄마의 모습에 기대기도 하지만 보호자가 되려고 애쓰는 모습을 보이기도 한다.

지금 이 순간 장면은 멈춘다. 아들과 나와는 같은 존재. 사랑이 충만한 분위기. 이것이 참나의 상태였을 때의 상태이다. 어떤 판단도 없이 그저 100% 수용하는 아들과 나의 관계이다. 그런데 이것도 한순간 스쳐 지나간다. 다시 에고가 들어와 판단하는 순간, 사람이 아닌 다른 것에 의식이 돌아가는 순간, 그 분위기는 깨져 버린다. 참나의 순간을 유지하는 것은 참 어렵다.

미래의 나는 여전히 무엇인가 배움을 향해 달려가고 있을 것 같다. 나는 늘 배움을 멈추지 않는 나를 본다. 미래의 나는 어전히 더 성장할 것이고 더 깊은 사유를 하며 현명한 구루(Guru)로 살아가고 싶다.

숨겨두고 싶은 나

　나는 드러나는 것을 싫어하기도 하고 드러내고 싶기도 하다. 두 가지 마음이다. 개인적인 것을 SNS나 처음 만난 사람에게도 곧잘 이야기한다. 그 안에는 상대에게 친근감을 주기 위해서 나를 먼저 오픈해야 한다고 생각하는 나가 있어서인 것 같다. 그러나 어느 정도 시간이 지나면 서로 지켜야 할 예의나 너무 무례한 행동은 별로 좋아하지 않는다. 상대와 어느 정도의 거리가 필요한 이유이기도 하다. 혹시라도 나의 나약함이나 무식함이 들킬까 걱정되어 그런 것 같다. 그래서 계속 배움에 대한 목마름이 있는 것인지도 모른다. 그러다 보니 늘 열심히 뭔가를 배운다. 내가 남들에게 숨기고 싶은 것을 생각해 보면 별로 없는 것 같기도 하다. 이 점은 내 인생에게 진정 고마운 부분이기도 하다.

　요즈음은 내 감정, 내 생각을 계속 탐색하면서 지내고 있고 가능하면 내 생각을 표현하고 살자 하는 편이라서 생각 감정을 가장 가까운 남편에게 있는 그대로 표현하려고 한다. 코치가 된 이후에는 내 감정을 참지 말고 숨기지 말고 있는 그대로 말하려고 노력한다. 그러다보니 이 일로 인해 남편과 갈등이 생기기도 한다. 요즈음 명상을 하면서 나 자신에 대해 더 많은 생각을 한다. 왜 나는 남편의 말 하나하나가 거슬릴까? 나를 통제하는 듯한 말이 너무 싫고 그의 밝음이 싫은 것…. 생각해 보면 이 모든 것은 나의 열등감으로부터 나오는 것은 아닐까? 남편이 매우 사교적인 부분과 뭔가 가르치고 하대하는 듯한 말들이 나를 거스른다. 내가 참나로 살고 있다면 그 안에서 나를 보면서 나의 그림자를 볼 것이다. 완벽하게 또 끊임없이 공부하는 나는 늘 부족하다고 생각하는 나를 채우기 위해 종종거리는데 그는 너무나 유유자적이다. 나는 그가 부러운 것이다. 현재 나의 삶은 풍요롭고 지금도 충분한데 늘 배고픈 나는 그의 평화와 유유자적함이 부럽다 못해 질투가 나서 자꾸 그에게 잔소리를 하고 지적질을 해댄다. 아무래도 남편의 밝음과 열등감 없음, 그리고 자신이 알고 있는 모든 정보를 전달하고 가르치려는 말솜씨가 내 안의 무엇인가를 거스르게 하는 트리거가 되어 나를 힘들게 하는 것일 것 같다. 내안의 그 무엇인가가 담겨진 보따리를 조금씩 풀어 숨겨진 나를 대면해야겠다.

  나는 살아오면시 내가 계속 가족들의 뒷바라지만 하는 보조자의 역할에 머물게 될 것 같은 불안함과 불만이 있었다. 지금 생각해 보면 대학 졸업 후 혼자서 미국 유학을 단행했을 정도로 당찼던 나는 나 존재 그 자체로 살고 싶었던 것 같다. 내가 선택한 것이 아닌 주변인이나 환경으로 인해 존재감 없이 살지 않고 그저 나라는 존재를 인정받고 싶었던 것 같다. 나라는 존재를 발견하고, 스스로 인정하고, 어디까지 내가 나일 수 있을까? 나를 시험하기 위해 떠난 유학이었다. 그러나 유학 중 갑작스런 결혼은 모든 것을 다시 보조자의 자리로 되돌려 놓았고 나 있는 그대로의 나를 찾고자 떠났던 호기롭던 시도는 온데 간데 없어졌다. 한 가정을 책임지고 시부모와 남편과 자녀를 돌봐야 하는 삶의 보조자 자리로 다시 돌아오고 만 것이다.

그러나 나에게 짐 지워진 모든 것은 내가 선택한 일이다. 스스로 즐겁게 선택하기도 하고 주변의 압박에 따라 억지로 선택하기도 하고 맏며느리여서 의무감에 선택하고 선택하지 않아서 오는 반대급부로 해야 할 일이 주어진 모든 것들은 모두 다 내가 선택한 것이다. 그런 나의 선택에 책임을 져야 하고, 끝까지 나에게 맡겨진 소임을 다하는 것이 나의 일이었다. 무엇보다 미국 유학 시절 만난 예수님으로 인해 이 모든 것을 나의 소명으로 받아들였다. 그로 인해 보조자로 산 긴 세월이 모두가 주님의 은혜였다고 고백할 수 있음을 감사드린다. 삶의 보조자 지원자로서 가족을 위해 기도하고 몸으로 수고하며 내 시간을 헌신했다.

막내아들이 대학에 입학하고 시부모님이 돌아가고 나서야 다시 자유로이 나로 돌아와 다시 나로 존재하기에 몰두한다. 그러나 가족들 앞에서는 자동적으로 알아서 주인공보다는 보조자의 자리로 내려가는 나를 본다. 그런 내가 때로는 속상할 때도 있다. 왜 내가 한 일에 대해 떳떳하지 못할까? 어린 시절 부모님들이 너무 바쁘고 형제도 많아서 외톨이가 된 적이 많아서인지 타인과의 관계에서 불편을 느낄 때도 있다. 어린 시절 형제가 많은 속에서 살면서 늘 엄마의 사랑이 부족했던 것이 상처로 내면의 배고픔으로 남아있었던 것 같다. '영혼의 밥을 많이 먹고 싶은 마음'이라고 해야 할까? 그래서 늘 영혼의 허기짐과 부족함을 느끼는 듯하다. 여전히 배움에 목마른 나를 본다. 그러나 요즈음의 나는 차츰 이제 "이것으로 충분해"를 외친다. 마음을 다독이다가도 누군가 배움에 대한 정보를 주면 또다시 배움에 이끌리는 나를 발견한다. 언제까지 계속 배울까? 그러나 한편 그런 나를 받아들인다. 나는 코치이고 코치는 평생 학습자이니까 당연히 나는 평생 공부하는 사람이다.

내가 숨기고 싶었던 것은 가족 안에서의 소외됨으로 인한 외로움, 배고픔, 그리고 가족들 속에서 사랑받고 싶은 마음, 인정 욕구 그리고 심리적으로 안정되기, 존재로서의 인정받기인 것 같다. 그래서 나는 나의 정체성에 대한 관심이 지대하다. 내가 나로서 확고한 무엇인가를 잡는다면 외부의 상황이 어떠하든지 흔들리지 않으니까…. 그동안의 삶은 나를 찾아서 이런저런 경험을 하고 나를 알아가는 나의 탐구생활이었다. 나에 대해 탐색하고 나를 알아가는 동안 스스로 나의 존재에 대한 인식을 하게 되고 다른 누군가가 나를 인정하지 않아도 이제는 개의치 않고 나의 길을 갈 수 있을 정도로 조금은 내 존재에 대한 소중함과 존재감을 스스로 인식하고 있는 나를 발견한다. 그리고 지금까지 잘 살아온 나에게 여기까지 정말 잘 왔다고 축하의 인사를 보낸다.

현재 나의 삶에서 만나는 현실

그동안 미국에서 살고 있는 두 아들에게 큰 변동이 있었다. 수습하느라 아들과 함께하기 위해 부랴부랴 미국으로 돌아왔다. 당장 며칠 머물 생각으로 간단한 짐을 꾸리고 돌아온 미국체류기간은 예상보다 꽤 길어져 8개월이 지나며, 한국과 미국의 삶을 병행하며 생활하게 되었다. 그러다보니 시차를 초월해 사는 삶이다. 한국에 있는 분들과의 영상미팅으로 한국 시간대를 살며 이사회 회의나 교육, 미팅을 하느라 한밤중에 홀로 깨어서 작업을 하기도 한다. 낮에는 미국에 있는 분들과 영상으로 회의를 하며 타문화권에 거주하는 분들을 도울 방법을 연구한다. 한국에서의 삶도 포기할 수 없고 지속하고 싶은 욕구와 부담감과 함께 오랫동안 떠나있던 미국의 삶에 다시 적응해야 했다. 지금은 어려움으로 고통 중인 가족과 함께하며 다독이고 다시 힘을 낼 수 있도록 출구가 보이지 않는 어두운 터널을 손잡고 말없이 함께 걷고 있다. 그가 있는 옆에서 나는 조용히 그의 필요를 채워주며 함께하고 있다. 대신할 수 없는 그의 고통을 스스로 관통하고 나와 모든 것을 다 수용하고 평온한 일상으로 돌아오기까지 가족의 일원으로 코치로 함께 한다.

　우리 부부만 생활하던 환경에서 여러 가족들이 함께 생활해야하는 환경도 아직은 적응이 필요하다. 한국의 아파트 생활에 익숙했던 삶의 패턴에서 다시 미국의 정원을 가꿔야 하고 집 안팎의 주택을 관리해야하는 일이 많은 환경에 적응하는 일이 정말 부산스럽다. 지난 8개월 동안 근처 골프장에서 날라 오는 골프공에 유리창이 깨져 갈아야 했고 온수탱크가 고장나 근 보름 이상 온수를 쓰지 못하기도 했다. 또, 냉난방시설을 교체하느라 엄청난 비용을 치러야 했다. 한편 밤 때로는 새벽 2시나 3시에 한국시간에 맞추어 진행되는 ZOOM 화상 모임에 참석하는 것이 버거울 때가 있다.

현실을 직면하지 못하고 피하고 싶은 이유는 우리 가족이나 내가 감당할 수 없는 일을 만나는 것이 두렵기 때문이다. 그것으로 인해 가족들 간에 단단히 결속된 마음들이 흩어질까 두렵기 때문인 것 같다. 감당할 수 없는 더 큰 슬픔이나 더 큰 위험에 빠질까 봐 미리 겁을 내서 두 눈을 질끈 감아버리는 나를 느낀다. 그러나 그럴수록 나는 두 눈을 크게 뜨고 현실에서 일어나는 일들을 바로 보고 진짜 일어나는 일 그대로를 바라봐야 한다. 그렇지 않으면 내가 상상하는 두려움이 더욱더 커져서 나의 영혼을 잡아먹어 버릴지도 모른다.

두 아들의 환경 변화로 인해 내 삶에도 변화가 일어났다. 아직은 나 개인의 삶이 아니고 가족들의 삶의 지원자로서의 삶은 계속되어져야 한다. 변화된 환경에 적응하고 가족을 평온한 일상으로 다시 돌려야하는 나의 현실을 직면하고 헤쳐 나가야 하지만 체력적인 한계로 감당하기 버겁기도 하고, 마음의 평화를 잃어버리는 상황도 마주하게 된다. 때로는 상실로 인한 슬픔과 공허감이 밀려온다. 도대체 하나님의 뜻을 알 수 없어 캄캄한 동굴에 갇혀있는 느낌이 들 때도 있다. 사랑하는 이를 잃은 상처로 인한 슬픔과 공허함, 하나님이 생명을 거둬 가신 이유가 궁금해지는 요즈음이다.

 내가 직면해야 하는 또 하나의 현실은 갑작스런 삶의 공간 이동으로 인해 지금 내가 살아가고 있는 자리가 내 자리가 아닌 것 같은 이 기분을 어떻게 극복해야 히는가에 대한 것이다. 이유는 잠깐 있다 한국으로 돌아갈 것이라고 생각하고 준비 없이 미국에 왔기 때문이다. 내 물건이나 심지어 옷까지도 모두 한국에 두고 온 상황에서 8개월의 시간을 미국에서 지내다 보니 혼란스럽다. 그러나 어차피 우리는 모두 100년도 안 되는 시간을 이 땅에서 머물다 떠날 나그네 아닌가? 생각을 전환해 본다. 이곳도 내 집이라고 생각하고 그냥 살아야 하는가 보다.

 자녀를 위해 남편을 위해 기쁘게 헌신하였지만, 나의 생각이나 자유를 침해한다고 느낄 때 마음이 몹시 힘들게 느껴진다. 요즈음은 사람들을 주로 ZOOM에서 만나다 보니 직접 만나는 사람은 남편과 아들뿐이다. 그러므로 나의 생각이나 자유가 흔들릴 이유도 크게 없다. 그런데 남편과 붙어있는 시간이 많다 보니 자연히 부딪히는 사람도 남편이고, 가끔 나를 통제하는 듯한 행동이나 말을 하는 사람도 대부분 남편이다. 그래서 남편의 말과 행동에 더 예민해지는 것 같다. 남편은 그것을 사랑의 눈으로 보며 나를 돌보는 것이라 말한다. 사랑이라면 자신의 방법으로 사랑하는 것이 아니고 상대가 원하는 모습으로 사랑해줘야 한다고 나는 생각한다. 내가 원하는 사랑의 방법을 요청하고 존중과 배려의 모습을 사랑을 표현해 달라고 요청해야겠다.

나를 일으키는 힘

현실에서 나에게 힘을 주는 것은 말없이 나를 지지해주는 가족들의 눈길, 해야 하는 일들을 성취해 나갈 때 느끼는 보람이 그것이다. 힘을 빼앗아 가는 것은 내 생각과는 다른 어떤 일을 누군가로부터 강요받을 때 혹은 나의 생활에서 자꾸 무엇인가 하라고 하는 통제가 들어올 때이다. 나는 알아서 당연히 하는 일들을 참견한다고 생각하여 하기 싫어지는 경우가 있다.

이러한 생각이 드는 이유가 무엇일까 생각해 보면 나는 내가 생각하는 것보다 더 독립적인 존재인 것 같다. 혼자서 생각하고 논리를 만들어 가는 것을 즐긴다. 서로 생각을 나누는 것을 좋아하지만 어느 정도의 거리를 유지하는 것을 더 좋아한다. 서로 용납하되 서로 존중하고 배려해야 한다고 생각한다.

나를 나로서 인정하고 다른 이도 그렇게 하기를 원한다. 이것은 아마 어린 시절 기억에 당연히 부모로부터 충분히 사랑받아야 하는데 그렇지 못한 것에 대한 결핍에서 오는 부작용인지도 모르겠다. 동생은 넘치도록 사랑을 베풀어주면서 나에게는 관심조차 주지 않는 부모에 대한 원망과 아무 일도 할 수 없었던 어린 나의 무능력과 무기력함이 지금의 나를 형성했다는 생각이 든다. 그리고 나를 챙기고 돌봐줄 사람은 나뿐이라는 생각을 그때부터 하게 된 것 같다.

이런 이유로 인해 나는 나를 위해, 그리고 나에게 속한 일들에 대해 최선을 다하려 하고 끊임없이 무엇인가를 채우려고 하는 허기가 생긴 것 같다. 그 허기가 배움으로 성실한 책임감으로 나타나 지금의 나를 달려가게 하는 힘과 원동력이 된 것 같다. 이렇게 본다면 어린 시절의 결핍이 내 생을 타오르게 하는 연료요 자원인 셈이다.

나는 많은 부분을 가족들에게서 힘을 얻는다. 가족들과 함께 모여 밥을 먹거나 TV를 보는 시간, 강아지들과 식구들이 모여 대화 나누는 시간에서 에너지가 생긴다. 그리고 ZOOM으로 강의를 할 때 그리고 혼자서 생각을 모으는 시간들, 내가 누군가와 함께 참여하고 협력해서 일할 때 에너지는 더 많이 올라간다. 그리고 생각을 모으며 어떤 생각의

논리를 만들어 사유하는 것을 좋아한다. 삶의 내러티브 만들어 내고 그것에 의미를 부여하는 것을 즐긴다.

   내가 당면한 현실에서 나의 힘을 빼앗아가는 일들을 가끔 만나게 될 때 당황하게 된다. 그것은 엄마라는 이유로 무엇인가 소외되는 느낌이 들 때이다. 내가 스스로 양보하는 것은 괜찮으나 가족들이 알아서 나를 소외시킬 때는 다소 섭섭하다. 결혼하고 30년 넘게 늘 양보하고 내 것을 포기하고 살았던 시간들이었는데 지금도 당연시하는 가족, 특히 남편이 그러한 행동을 할 때는 섭섭하고 보상받고 싶은 마음이 든다. 근본 원인은 어린 시절 대가족 속에서 존재감 없이 소외되었던 경험에서 나온 듯하다. 있는 그대로의 나를 가족들과 주변인들로부터 인정받고 존중받기를 원하는 마음 때문인 것 같다. 내 삶의 주인공은 나여야 하고 독립적이고 주체적인 존재로서 존중받고 싶다. 만약 양보해야 하는 아주 그럴듯한 명분이 있다면, 기꺼이 나를 헌신하면서도 희생하고 양보할 수 있다. 그러나 헌신에 대한 명분이나 의미가 내 마음으로 설득되지 않을 때는 나는 불편함을 느낀다.

두려움 뛰어넘기

  내가 가장 두려워하는 것은 예측할 수 없었던 일들이 일어나는 것이다. 소리 없는 무언가가 가까이 다가오는 소리, 침묵의 무언가가 나를 향해 다가오는 것 같은 느낌은 견딜 수 없는 두려움이다. 우리 인생에는 여러 가지 두려움들이 존재하고 있고, 대부분의 두려움들은 예기치 못한 방향에서 불시에 습격해 오는 경우가 많다. 이러한 두려움을 맞닥뜨린다는 것은 극도의 무서움을 동반한다. 예측할 수 없는 어떤 상황 속에서 나는 어떻게 행동해야 할까? 준비가 없었기에 두려움은 더 크게 느껴진다.

  그러나 두려움은 나에게 조심하라는 알람과 같다. 나를 보호하기 위해, 위험에서 살아남기 위한 내 영혼이 보내는 신호일 것이다. 그러므로 두려움은 나쁜 것이 아니고 나를 보호하기 위한 보호 장구와 같은 것이다. 두려움이 엄습할 때 눈을 크게 뜨고 그 두려움의 실체를 똑똑히 바라보고 있는 그대로의 상황을 파악하고 헤쳐 나가야겠다. 이렇게 하는 것이 나다운 모습이라 생각한다. 그렇다면 내가 느끼는 현실적인 가장 큰 두려움은 무엇일까 곰곰이 생각해 본다. 가족들과의 영원한 이별, 죽음, 소통의 단절, 예측할 수 없는 여러 사건 사고들, 다른 사람들의 비난의 목소리와 눈초리, 수치감이 드는 일들이 나는 가장 두렵다.

이런 두려움에도 불구하고 나는 스스로 두려움을 딛고 일어나는 나이고 싶다. 두려움 속에서도 일상을 이어가는 나의 모습, 슬픔 가운데도 잔잔한 평화를 누릴 수 있는, 회복탄력성과 뛰어난 적응력으로 한 발 한 발 앞으로 나아가는 나이고 싶다. 비록 어두운 터널을 지나는 삶이라도 보이지 않는 출구의 밝은 빛을 기억하며 더듬거리더라도 나의 발걸음을 재촉하리라. 하나님의 말씀을 약속으로 받았지만 여전히 끝나지 않는 고난과 환란 속에서도 그 약속을 믿고 가는 하나님 자녀로서의 모습이고 싶다.

두려움에 잠식당해 계속 두려움에 떨며 웅크리고 있으면 그 두려움은 계속 증폭되어 나를 다 먹어버리고 결국 나는 세상에서 처음부터 없었던 것처럼 사그라질 것만 같다. 두려움의 실체에 직면하지 못하고 영원히 사람들로부터, 세상으로부터 단절될 것이고, 결국 파편화된 개인으로 쓸쓸한 삶을 살게 될지도 모른다. 사람들 속에서 고립될 것이고 참 나에 대한 성찰의 기회도 갖지 못할 것이며 삶에 대한 일련의 사유도 아무 쓸모없어 질 것이다. 어쩌면 이것이 진정한 나의 두려움일 것이다.

내가 과감하게 나의 두려움의 실체에 직면해 적극적으로 해결하려는 노력을 기울일 때 그 두려움은 저 멀리로 도망갈 것이고 내 마음 속에서 영원히 사라질 것이다. 그것이 나의 존재를 진정으로 표현하는 것이 될 것이고, 그것을 통해 나는 한 걸음 더 참나의 경지에 이르게 될 것이다. 표현하고 실천하기 위해 생각을 할 것이고 끊임없이 조금씩이라도 성장하는 나를 만나게 될 것이다. 두려움 속에서도 선택은 결국 나의 몫이므로 그 선택을 존중하고 묵묵히 그 일을 해내는 나를 발견할 수 있을 것이다. 그것으로 인해 스스로를 매우 대견해 할 것이다. 그것이 설령 잘못된 선택이라도 그대로 수용하고 포용할 힘이 생길 것이다. 그때가 되면 나는 좋고 나쁨을 모두 수용할 수 있는 그릇으로 모든 것을 있는 그대로 수용하고 용납할 수 있는 큰 그릇으로 성장할 것이라고 생각한다.

삶의 본질 알아채기

나의 삶의 본질에 대해 돌아보며 진짜 나를 탐색해간다. 나다움을 유지하며 살아가는 것을 가로막는 장애 요소들이 분명히 존재한다. 책임져야 하는 가족들과 구순의 친정 부모님에 대한 부담감, 강아지 챙기기, 이사회 회의, 집안 가사일, 코칭 세미나, 학교 강의준비, 내면 긍정 모임, 창조론 세미나, 성경 통독 모임, 멘토 모임, 센터링, 글쓰기 코칭FT 학습 모임, 코칭센터 개설에 대한 부담감 등이 그것이다. 모든 일을 부담스럽지 않으면서도 차근차근 잘 감당해내고 싶다. 그러나 한편은 많은 일로부터, 마음의 부채로부터 자유로운 나이고 싶다. 그런 날들이 오기는 오는 걸까?

  셀프 코칭을 통하여 나는 나 자신에 대해 좀 더 잘 파악하는 시간을 가졌다. 나 스스로 어떤 해야만 하는 명분이 있고 그것에 납득이 갈 때는 맡겨진 일을 더 잘 수행할 수 있으며, 설령 그것이 나를 희생해야 하는 상황이 와도 묵묵히 감당해 내는 사람임을 알아차렸다. 그만큼 나는 명분을 중요하게 생각하는 사람이다. 그리고 일을 무서워하지 않는다는 것도 알았다. 일단 움직이면서 생각하고 돌발적인 상황이 와도 나는 적응력이 매우 강하다. 슬픔 가운데서도 주어진 모든 일들을 해내는 편이라는 것도 알았다. 슬픔은 슬픔이고 일은 일이므로 계속 진행되어야 한다며 지금도 마음을 다잡고 있다.

  나에게 주어진 일들을 **빠뜨리지** 않고 차분하게 우선순위를 가지고 해내야겠다고 다짐한다. 일들의 종류를 분류해서 함께 할 수 있는 일이면 같이 하고 내 능력으로 할 수 없는 일이라면 빨리 포기해 일들을 단순화하는 작업이 지금의 나에게 필요하다. 예를 들어 센터링과 성경 읽기, 내면 긍정 모임은 함께 생각해도 될 수 있으므로 세 모임 중 하나만 선택하고 둘은 정리한다. 그러기 위해 나의 생각을 정리하고 하나님의 말씀에 집중하고 내 안의 성령님께 의지하여 내 생각과 마음을 집중시킨다.

지금은 시간이 나는 대로 휴식하면서 마음의 평화와 유연한 마음을 가지고 생각하고 싶다. 어떤 일을 해야 할 지 중요도와 우선순위를 생각해서 정말 나에게 유익하고 필요한 일인가를 결정해서 진행해야겠다. 창조론 등 공부 모임들은 여러 명이 참여하고 내가 정할 수 있는 시간들이 아니므로 시간이 되는 대로 참여하겠다. 특별히 내가 주도적으로 해야 하는 학교 세미나나 강의 준비를 잘해야 하므로 이 일에 우선순위를 두고 해야겠다. 우선순위를 따져서 일의 순서를 정하고 일들도 분류해서 비슷한 일끼리 묶어서 일을 단순화시킨다. 때로는 상황의 변화, 혹은 가족들 일상의 변동으로 인해 예측이 안 되는 것으로 인해 계획하는 일들이 시간에 맞춰 잘되지 않는 경우가 있을 것이다. 그럼에도 불구하고 그것이 나다움을 유지시켜 주고 나에 대한 자신의 효용감을 높여 주고 자존감을 올려주는 일임을 믿기 때문에, 그리고 내가 꽤 괜찮은 사람이라고 느껴지기 때문에 나는 나의 두려움을 초월하고 자유로운 나를 지향해 나갈 것이다.

이것을 위해 나는 상황이나 환경에 휩쓸려서 내 일을 하지 못한다고 느껴지면 불만을 이야기하지 말고 내가 원하는 것을 해달라고 남편이나 아들에게 도움을 요청할 것이다. 그러나 도저히 현 상황에서 불가능하다 느껴지면 과감히 포기할 것이다. 중간 자투리 시간을 허비하지 않고 잘 활용해야 한다. 우선 거실가구를 재배치하고 SNS나 유튜브 시청을 줄여 낭비시간을 줄여야겠다.

이 모든 과정을 원활히 수행해 나가기 위해 힘들 때조차 불만을 이야기하지 말고 원하는 것을 말하자. 차근차근 내 의도를 돌아보고 진짜 원하는 것을 위해 가족에게 도움을 요청할 것이다.

나를 힘들게 한 경험의 반전

삶이 내 맘대로 되지 않아 스트레스가 생기면 나는 투덜거리면서도 그 문제를 기도하면서 하나님께 올려드린다. 그런데 기도를 하고 싶지 않을 때가 정말 많았지만 그대로 순종했다. 왜냐하면 하나님께 기도하고 나면 그 일을 내가 감당해야만 하고 해내야 하고 양보해야 하는 것으로 결론이 났었기 때문이다. 나는 이미 하나님의 뜻을 알고 있었기 때문이다. 가족의 일은 어떤 상황이든 모두 순복하며 힘들지만 모두 감당해야 한다는 마음으로 해낸다. 그러나 가족 외의 관계에서는 나에게만 책임이 있는 것은 아니다. 누군가 나에게 스트레스를 준다면 그 사람은 될수록 피하고 안 만나려 한다. 상황이나 어떤 사건이 일어날 때마다 참다 참다 더 이상 내가 감당할 수 없다는 생각이 들면 그 상대와는 아예 인연을 끊는다. 그 사람을 만나기 전에도 나는 잘 살아왔고 그 사람이 없어도 나는 잘 살 것이다. 내 인생에서 나보다 더 중요한 사람은 없기 때문에 나는 나를 지지하고 응원하고 싶다.

나의 삶에서 가장 중요한 감정적 경험은 혼자 밤새워 책을 읽었던 경험과 식구들은 많았으나 섬 같았던 외로움과 시댁 식구들 사이에서도 늘 외톨이 같았던 시간들이다.

시아버님께서 소천하신 직후 시어머니가 편찮으셔서 입원한 병원에서의 일은 잊을 수 없는 충격이었다. 우리부부를 병원으로 부른 시누이 셋이 나를 몰아세우며 우리 엄마를 어떻게 모실 거냐고 다그치던 모습과 말리지 않고 그냥 보고만 있던 남편에 대한 서운함과 외로움, 의무에 대한 버거움이 한꺼번에 밀려와 병실을 뛰쳐나왔던 경험이 있다. 나는 결혼하고 나의 커리어도 포기하고 최선을 다해 맏며느리로서 역할을 잘하고 있다고 자부했으나 그 모든 것은 다 나 혼자만의 착각이었고 그동안의 수고와 나의 시간들이 아무것도 남지 않은 다 물거품이 되는 순간이었다. 그때의 참담함과 당황스러움은 시어머니께서 소천 하신 지금도 아픈 기억으로 남아서 가끔은 조용했던 나의 마음을 다시 소용돌이치게 한다.

돌이켜보면 그동안 가족들이 나에게 넘겨준 책임들과 의무를 내가 원한 것은 아니지만 부담감을 가지고 억지로 꾸역꾸역 했던 것 같다. 나도 당연히 내가 해야 한다고 생각했고 가족들도 그렇게 생각했던 것 같다. 결혼하고 처음 가족이 되었던 그때 첫 단추가 잘못 꿰어지며 가족을 위한 나의 헌신과 자발적인 포기가 모든 가족들에게는 아무렇지도 않게 당연한 것이 된 것이다.

처음부터 내가 할 수 있는 것과 내가 할 수 없는 것의 한계를 명확히 했어야 했다. 그래서 가족사이의 역할과 힘의 관계는 한번 정해지면 바꾸기가 정말 어렵다. 다시 그 시절로 돌아간다면 관계의 경계와 범위를 정확히 하고 혼자 짐을 지는 것이 아니라 함께 짐을 질 수 있도록 요청하고 싶다. 처음에는 파란이 일더라도....

무모하지만 행복한 도전

가장 좋았던 경험은 처음 대학에 입학하고 무엇인가 혼자 할 수 있다는 것이 좋았다. 그런 의미에서 처음 미국 LA에서 잡지사 특파원으로 나갔을 때가 참 자유로웠다는 기억이 있다. 처음 부모와 가족을 떠나 아무도 나를 알지 못하는 곳에 왔다는 생각은 두려움보다는 설레는 경험이었다. 드디어 벗어났다는 철없이 신나는 마음도.... 그때 이란 출신의 두 친구들과 룸메이트로 함께 지내면서 모든 것에 어눌하고 어려워서 두렵기도 했지만 혼자서 나 자신을 위해 무엇인가를 할 수 있다는 것에 뭔가 해보겠다는 막연한 탐험 정신이 피어올라 무서움보다는 설렘과 도전정신이 막 피어올랐었다.

LA에서 돌아와 대학원 공부를 위해 다시 미국으로 출국했던 기억도 생생하다. 12월이면 늘 눈이 무릎까지 쌓이는 오하이오주 콜럼버스에 도착했던 때는 이미 1년의 미국생활을 경험한 터라 마냥 좋지는 않았다. 혼자서 헤쳐 나가야 하는 미국생활과 대학원 공부에 대한 걱정으로 노심초사했었다. 크리스마스 연휴 기간에 도착한 콜럼버스는 눈이 무릎만큼 쌓였고 대부분의 가게는 연휴 동안 영업을 하지 않아 학교근처 할러데이인 호텔에서 열흘을 지내며 겨울학기가 시작되기를 기다렸다. 큰 여행가방 2개를 끌며 떨리는 마음으로 OSU 캠퍼스 입학처에 신고를 하러 갔던 일과 호텔에서 홀로 크리스마스 연휴가 끝나기를 기다리며 대기했던 시간은 두렵고 외로웠지만 새로운 일에 설레기도 했던 시간이었다.

나는 비록 불투명한 미래이지만 주체로서 존재해야 행복하다고 느끼는 사람인 것이다. 무슨 일이든 나 스스로 선택하고 만들어가며 독립적으로 존재하며 도전을 즐기고 새로운 일에 뛰어든다. 나는 우리 집에서 처음 미국을 갔고 처음 유학을 갔고 처음 예수를 가족에게 전해준 사람이다. 지금은 한국에 남은 가족은 막내동생 가족과 부모님만 계시고 모두 타문화권에 거주하고 있고 모두 기독교인이 되었다. 나는 무엇이든 처음으로 시도하고 도전하는 용기 있는 사람이다. 마치 얼음 가득한 남극바다를 향해 뛰어드는 용기 있는 첫 펭귄(the first penguin)처럼 도전과 탐험을 즐기는 사람이다. 얼음 가득한 남극바다가 두렵고 불안하지만 그만큼 도전과 성취도 뚜렷할 것이다.

외로움이 구별됨으로

여러 기억들 중 가장 오래 나의 화두로 등장하는 것은 외로움이다. 혼자 외톨이라는 것이 유난히 도드라져 보이는 시절이 있었다. 어린 시절에는 식구들 많은 환경에서도 두 언니와 두 남동생과는 섞이지 못하고 늘 혼자였고 미국에서 두 아들과 함께 지냈던 기러기 시절도 일상적으로 아이들 학교 보내고 정원을 가꾸고 퀼트를 하며 혼자 지내는 시간이 많았다. 신분 때문에 3개월마다 출국해야하는 유학생 엄마들과 달랐고 이민 생활로 힘든 이민자들에게도 속하지 못했던 나의 독특한 신분으로 인해 이들 두 집단의 시기와 질투를 받았었다. 어느 날 교회에서 둘째 아들이 엄마가 많이 안쓰러워 보였는지 예배를 마치고 교회 구성원들과 함께 식사를 하고 한담을 나누는 사람들 사이에 와서는 "집사님들 중에 우리 엄마가 젤루 이뻐"라고 속삭이곤 슬쩍 가버렸었다. 둘째아들이 엄마에게 보내는 연민과 사랑이 행동으로 보여진 시간이었다.

다시 한국 돌아와서 2년 동안 시부모님, 시고모님, 그리고 시누이의 장례를 치렀다. 그동안 세 분 어른들의 병환 뒷바라지로 정신없이 지낸 시간들과 그 와중에 건설회사연구소에서 수석연구원으로 일하던 시간이 나를 다시 한국사회에 적응하는 시간들로 채워졌다. 그리고 2012년 나를 매료시킨 코칭을 만나고 몰입히였다. 연세대학교 코칭아카데미에서 2년간 코칭을 공부하고 비영리기관에서 일을 하면서 정말 많은 것을 배웠다. 내친김에 코칭학으로 석사과정과 박사과정을 밟기 시작했다. 이때는 너무 바빴지만 한편 일과 코칭에 몰입하며 힘든 줄 모르고 달려간 행복한 시간이었다. 아침에 회사로 출근해서 바쁘게 일하다가 점심을 거르고 코칭 고객을 만나 코칭을 하고 퇴근 후에도 코칭 고객을 만나 온통 코칭의 완전한 환경 속에서 내가 완전히 변화되는 경험을 하였다. 나의 생각과 관념 가치가 모두 변혁되는 순간이었다. 코칭을 배우며 힘들지만 나 스스로 모든 일을 조율했던 시기였다. 이 시간이 없었다면 지금의 나는 존재하지 않았다.

힘든 경험이 내게 준 교훈

이런 여러 가지 일련의 경험들을 통해 내가 나 스스로에게 배운 것은 설득이 되는 일, 혹은 내가 스스로 선택한 일은 정말 최선을 다해 끝까지 한다는 점이다. 나에게 도움을 청하는 이는 절대 외면하지 않는다. 외톨이였기 때문에 도움을 청하면 상대를 있는 그대로 공감하려고 애쓴다. 그리고 외톨이지만 꿋꿋하게 잘해 내는 나를 보며 내가 어떤 사람인지 깨닫고 스스로 자신감을 찾았다. 그리고 그런 나를 알고 있으므로 스스로 나를 보호해야겠다는 생각도 든다. 가족들이나 주변 사람들을 지나치게 배려하고 나 스스로를 희생하면 더 이상은 안 되겠다. 나 자신 외에 누가 나를 배려해주고 인정해줄 수 있을 까? 나를 스스로 돌보고 수용하고 환대하는 법을 배워야겠다. 나는 나를 스스로 환영하고 끌어안는다. 그런 내가 나는 너무 좋다. 여기까지 잘 달려온 자신에게 박수치며 응원하고 싶다.

의식의 변혁-외로움이 구별됨으로의 대전환

　나는 나의 핵심감정이 외로움이라는 것을 깨달으면서 왜 자꾸 다른 사람들과의 소외감을 느끼며 외로워할까 하는 의문을 가지고 기도했던 적이 있다. 과거로부터 나는 내가 가졌던 소외와 외로움의 경험들을 돌아보며 그 의미를 깨달으며 전율을 느꼈다. 내가 경험한 모든 것이 구별하심 때문이었고 지금의 내가 되기 위한 긴 훈련과 성장을 위한 신의 계획임이 틀림없었다. 그로 인해 나는 신의 축복으로 이미 처음부터 온전하고 지혜로운 사람으로 태어났지만 다시금 반짝이기 위해서는 훈련과 단련의 시간이 필요하다. 모든 인간들은 온전하고 자원이 풍부하며 창조적이라는 코칭의 철학이 정말 옳은 말이라는 생각이 들었다. 외로움 속에서 묵상을 하고 영적체험을 하면서 혼자 있는 것은 외로운 것이 아니고 다른 이로부터의 구별하심이라는 것도 깨닫게 되었다.

어린 시절 가족이 북적거리는 속에서도 나는 늘 혼자 있는 시간이 많았다. 언젠가 집에서 일 도와주던 언니가 핏기 없는 하얀 얼굴에 까만 뿔테안경을 쓰고 혼자 책에 빠진 작은 아이라고 했던 말이 기억난다.

그 당시 나는 알라딘 난로를 켜 두고 밤새 책을 읽었고 아침에 억지로 일어나 혼잡한 아침 버스 안에서 키 큰 학생들 틈에 끼어 이대 후문 길을 지나던 생각이 난다. 등하굣길 금란 여중고 학생들, 이대부중고 학생들과 연대, 이대 학생들이 뒤엉킨 혼잡한 버스 안에서도 생각이 참 많아서 머릿속은 바쁘게 돌아갔던 기억이 있을 만큼 혼자서 생각을 많이 했던 것 같다.

어린 시절의 나는 내성적이고 모범생이었다. 책을 좋아해서 늘 알라딘 난로 앞에서 책을 보며 밤을 보낸 적이 많다. 열심히 공부해서 가족들에게 인정받는 나이길 원했던 것은 아닐까 싶다. 나는 열심히 공부했고 부모님이 원하시는 좋은 대학에 들어갔다. 부모님이 기뻐하셨고 허락하셔서 친구들과 난생 처음 서울을 떠나 여수의 오동도 바닷가로 여행을 갈 수 있었다. 여행을 간 것도 좋았고 부모님이 나 때문에 기뻐하시는 것이 무엇보다 좋았다. 딸이어서 존재감이 없었는데 부모님께 처음 인정받는 순간이었다. 그러나 그때 부모님이 하신 말씀을 잊을 수 없다. "네가 아들이었으면 얼마나 좋겠니...." 참 서운하고 거질감이 든 씁쓸한 순간이었다. 내가 나를 스스로 세우고 만들어가야 한다는 생각을 막연히 했던 것 같다. 언니들과는 다른 내가 되어야 나의 존재가 보여 질 것이라 생각도 했다. 그래서 정말 경솔하게도 두 언니가 고등학교 때 제2외국어로 프랑스어를 선택해서 나는 무조건 독일어를 선택했고 언니들이 문과이니 나는 무조건 이과를 선택했다. 치기어린 경솔함으로 대학에 가서 적응하느라 엄청 고생을 하기도 했지만 그 선택은 나의 선택이므로 후회는 없다.

   요즈음은 새로운 일을 향한 도전과 모험에 대해 많이 생각한다. 미국에 코칭센터를 세우는 일로 내 머리는 온통 코칭으로 꽉 차 있다. 미래의 일은 어떻게 전개될지 알 수 없지만 현재는 그동안 살면서 해내야만 하는 나의 의무들을 다 마치고 오롯이 나에게 집중할 수 있는 나이가 된 것이 참 반갑다. 온전히 내가 하고 싶고 이루고 싶은 비전에 나의 시간을 투자할 수 있는 자유로움이 고맙다.

나는 늘 주어진 일은 무조건 해내는 책임감이 투철한 것 같다. 해야 할 일은 마쳐야 하고 명분 있는 일은 힘들어도 한다. 그동안 해야 할 일들이 정말 많았다. 그래서 그저 닥치는 일을 닥치는 대로 하면서 살았던 인생인 것 같다. 마치 허들선수처럼 달리며 앞에 놓인 일을 장애물을 넘듯 해내며 내달렸던 시간을 지나 결승점에 가까운 듯 어느덧 머리칼이 희끗희끗하다.

이제 나에게 남은 것은 내가 좋아하는 일을 할 수 있다는 것, 그리고 나의 시간을 나 스스로 사용할 수 있는 자유가 넘치는 시간이 펼쳐져 있다는 것이다. 그동안 열심히 살았던 탓일까? 나에게는 여러 직업들이 남아있다. 전문코치, 대학교수, 강사, 센터장, 단체의 부회장, 이사, 이런 직업들을 통해 아직도 해야 할 일들이 참 많고 이런 직업들을 통해서 내가 원하는 것과 하고 싶은 것을 할 수 있으므로 나는 지금 내가 살아가는 시간 중 가장 행복하고 가장 좋은 시간들을 지나고 있는 중이다. 마치 20대 때 처음 부모 곁을 떠나 미국에 도착한 첫날의 그 두려움과 짜릿한 해방감 그리고 설렘과 도전 정신이 생생하게 잘 느껴지는 요즈음이다.

  나에게 나직하게 속삭인다. 이대로 괜찮아. 외로운 시간들도 나름 괜찮았어. 너를 성장시켜 주었잖아? 앞으로도 외로운 시간이 자주 올 거야. 그래도 그 시간 외롭다 말고 어떤 통찰과 성장이 올지 기대해 보자. 그리고 마음을 가다듬고 맑은 눈으로 세상을 보자. 스스로를 다독다독 위로하며 격려해본다.

  나는 지금까지처럼 나를 살피고 관찰하면서 지혜로워지는 나를 느낀다. 또한 사람들과 생각을 나누고 함께 성장하는 것이 좋다. 그리고 내가 좀 괜찮은 사람이라고 생각하는 것은 두 아이들의 행복한 모습과 평화로운 모습을 볼 때이다. 그리고 새로운 도전이 나를 움직이게 한다. 그리고 특별히 알게 된 것은 그동안 내가 경험한 모든 것은 나에게 교훈을 주고 귀한 가르침을 주며 삶의 힘이 되었다는 것이다. 앞으로의 삶도 나는 지금처럼 혹시 어두운 터널을 만날지라도 두려움 없이 차근차근 앞으로 나아가는 삶을 살겠다. 먼 훗날 주변 사람들이 내가 세상을 떠난 뒤 그 사람 참 잘 살았다. 두려움에도 굴하지 않고 모든 어려움을 극복한 사람 두려움 없이 도전한 사람이라는 말을 들을 수 있도록 나의 삶을 살고 싶다. 그러므로 내 삶을 위한 영화가 있다면 그 주제를 "두려움 뚫고 희망을 만든 순례자"라고 짓고 싶다. 그래서 우리 아이들에게 그 정신을 이어주는 의미 있는 삶과 지혜자로서의 삶을 살고 싶다.

반복되는 나의 삶의 패턴-중도포기

이번에 나 스스로를 드려다 보는 셀프 코칭을 통해 나에게 반복적으로 일어나고 있는 부정적인 나의 모습도 발견하게 되었다. 어떤 어려운 상황에 맞닥뜨리게 되면 나는 피해자 코스프레와 중도에 포기하기의 패턴을 반복하고 있는 것을 깨달았다. 미국 유학을 홀로 떠나서 미국 오하이오 주립대학에서 공부를 하는 중 남편을 만났다. 공부하는 중 도중에 시댁의 문제로 공부를 중단하고 한국으로 돌아와야 하는 상황이 되었고, 그 후로 중단했던 박사과정을 계속하지 못했다. 귀국 후 처음에는 대학 강사로 연구원으로 일을 했지만 결국 나의 커리어를 모두 포기하고 육아와 남편과 시댁 뒷바라지로 긴 시간을 보냈다. 그것으로 인해 장성한 아들과 남편에게 수시로 원망하는 나를 발견한다. 내가 성장하지 못한 것은 모두 가족들 때문이라고 피해를 봤다고 핑계와 회피를 하는 것이다.

고등학교 때 우리 집에 기거하던 동생의 가정교사가 내 이름 뜻풀이를 해준 적이 있다. 그가 '살면서 중간에 포기하는 일이 많을 것이다'라고 했는데 왜인지 그 생각이 기억에서 늘 맴돌며 어려운 일이 있을 때 포기해야만 할 때마다 메아리치듯 나에게 말했다. 그 당시 그 청년은 대학생으로 아직 어린 나이였는데 나는 왜 바보처럼 그 말을 그렇게 다 믿었는지 모르겠다.

그 이후 미국에서 마치지 못한 박사과정을 여러 번 시도하다 계속하지 못하는 일이 반복되었다. 이번 경우만 해도 박사 수료를 일찍 해놓고 논문을 마치지 않는 이유는 무엇일까 나도 궁금하다. 그 후 힘들 때마다 나는 계속 남편과 아들들에게 엄마가 얼마나 힘들었는지 이야기하고 연민을 조장하는 일과 계속 시도하다가 어느 정도 지나면 멈추는 일을 되풀이하는 나를 발견하였다. 그리고 그런 나에게 실망하고 두 아이들에게는 우리 집 가훈은 '끝까지 포기하지 않는다'라고 강조하곤 했다. 마치 한풀이하듯이 물론 지금은 나도 '끝까지 포기하지 않는다'라는 가훈을 잘 지키고 다행히도 그 열매를 보면서 살고 있는 중이다. 가훈을 그렇게 정하고 아이들에게 말하는 동안 나도 스스로 세뇌가 된듯하다. 그 가훈은 무의식에서 나를 구하려는 진정한 나의 외침이었을 것이다. 사실 그 가훈은 나를 위한 것이고 가훈대로 해서 그 가정교사가 말한 것이 틀렸다는 것을 정말 보여주고 싶었다.

나답지 않은 모습은 우유부단한 모습을 보일 때 혹은 불평할 때이다. 역시 나답다라고 스스로 만족스러울 때는 어떤 어려움이 있어도 지혜롭게 헤쳐 나가서 해결할 때이다. 가족들이나 남편이 나를 체구는 작지만 마음이 큰 사람이라고 한다. 어려운 일이 주어졌을 때 내 마음이 결정되면 어떻게 하든 해내는 책임감이 크다. 책임이 지워지면 잘 해낸다. 하지만 단체에서 조용한 일원으로 있으면 그림자처럼 있는 듯 없는 듯 존재하려는 경향이 있다. 단체에서 어떤 책임 있는 자리에 있게 되어 그에 따른 책임이 주어지면 어떻든 그 일을 감당하려는 마음을 먹고 바로 실행에 옮기는 나를 본다.

후회를 통해 배운 것들

내가 살아가면서 정말 후회하는 결정은 26세 때 오하이오 주립대학에서 박사를 마치지 못하고 중도에 돌아온 일과 33세 때 주택공사에서 연구원으로 일하면서 지원했던 경희대 박사과정을 포기한 일이다. 그리고 내가 한 결정 중 정말 잘한 것은 남편의 안식년에 때맞추어 영주권의 기회를 포기하지 않고 미국 이민을 단행한 일과 한국으로 돌아와 뒤늦게 코칭을 공부하고 석박사학위를 취득한 일이다.

시댁 일에 치여 나의 커리어를 포기한 일은 너무나 후회가 된다. 그러나 나의 커리어를 포기하지 않고 나를 주장했더라면 결혼 초기에 이미 이혼할 수밖에 없었을 것이다. 후회되는 결정이지만 지금 돌아보면 그래도 그 당시 나로서는 가장 최선의 선택을 했었다고 생각한다. 33세 나이에 당시 주택공사 연구원으로 일하며 박사공부를 다시 시작하겠다고 준비할 때 시어머니이 "네 나이가 얼만데 애나 키우지 공부는 무슨 공부를 하냐"고 하셨던 말에 그만 기가 죽어서 금방 박사공부를 포기했던 일이 너무나 후회된다. 지금 생각해 보면 33세면 아직 새파란 나이인데 너무 아쉬운 결정이었다. 그 당시 막 박사과정을 마친 남편에게 나중에 박사 뒷바라지해주기로 했던 약속을 지키라고 주장하면서 공부를 강행했어야 했다고 지금도 그때의 나의 나약함을 자책하며 후회했다.

이 일들을 통해 나는 이제 어떤 것을 결정할 때 내가 하는 결정이 나중에 후회할 일인지 아닌지 돌아보고 결정하고 단행한다. 주변 사람들보다 나는 어떤지, 나를 먼저 돌보고 나를 위한 결정을 한다. 그리고 주변의 평판에 연연하지 않고 내가 정말 원한다면 하자. 미움 받아도 괜찮다는 생각을 한다. 사실 예수님조차도 사랑하는 제자들 중 당신을 판 제자 유다가 있었는데 나를 싫어하는 사람도 있는 것은 너무나 당연하고 그렇지 않은 것이 오히려 이상한 일인 것이다. 얼굴을 들고 어깨를 펴며 조금 더 담대한 마음과 배포가 있길 스스로에게 기대해 본다.

피해자 자리에서 벗어나기

나는 때때로 내가 피해자라고 느낀 적이 많았다. 의도하지 않았으나 타인에 의해 혹은 어떤 물리적 힘에 의해 처해진 환경에 던져진 느낌이었기 때문이다. 유독 남동생들에게만 향하는 부모님의 사랑을 보면서 부모의 사랑이 늘 부족함을 느꼈다. 마땅히 사랑받아야 할 나이에 편애를 경험하고 사랑받지 못했음으로 인해 상처를 입었다. 결혼해서는 맏며느리라는 위치로 늘 누군가를 챙기고 보살피고 내 것을 나눠야 하는 상황에서 내 것을 빼앗겼다는 생각과 주변 친척들을 챙기는 일까지 해야 하는 상황에 하지 않아도 될 에너지를 쏟고 감정을 소모하는 일로 많이 힘들었다. 결혼 후에는 오랜 기간 동안 누군가를 보살피고 그의 필요를 채우는 일은 일상이 되었다. 가족과 친척들이 모이는 자리에서는 자동적으로 섬김과 헌신은 나의 몫이었다. 사실 노력했던 것이 보람으로 돌아오지 않는 경우가 왕왕 있는 것이 일반적인 우리의 삶이다.

이번 아들들과의 가족 모임을 통해 조금 달라지고 있는 나의 위치를 깨달았다. 그동안은 늘 부엌에서 종종걸음을 치며 손이 마를 날이 없었는데, 이번 가족 모임에서는 자연스레 자리에 앉아 쉬고 있는 나를 발견하였다. 아들들과 남편이 부엌을 오가며 먹을 것을 챙겨주었다. 가족 특히 가장 가까운 가족들에게 배려를 받고 그동안의 수고를 인정해주는 모습에서 피해자 의식이 다소 누그러짐을 느낀다. 그동안 왜 나여야 하느냐고 하나님께 눈물로 하소연했었다. 홀로 지고가야 하는 삶의 무게에 짓눌려 눈물지었던 적이 있었다. 삶에서 피해자라는 억울한 심정을 하나님께 눈물로 하소연하였다. 그러고는 꾸역꾸역 그 일들을 해냈던 시간을 통과하며 온 몸으로 지나왔다. 즐겁게 한 것은 아니나 그 모든 것을 책임감 있게, 그리고 최선을 다해 묵묵히 감당하고 나니 가족들의 마음에 이 모양 저 모양으로 나의 존재 가치가 높아져 있는 것을 보게 된다. 가족들 사이에서 아내가 아니고 엄마가 아닌 그냥 나라는 존재로서 인정받는 작은 열매들이 맺혀가고 있는 것을 감사하게 된다. 나는 정말 복 받은 사람이고 이것은 모두 하나님의 은혜임이 새삼 감격스럽다.

지금 후회되는 것은 그 당시 피해자인 척하지 말고 대승적으로 온전히 수용했다면 그동안 나의 삶은 어땠을까 하는 후회가 된다. 많은 사람들이 말하는 '벗어날 수 없다면 즐기라'고 하는 말이 너무 야속하고 화가 났었다. 그 일을 당해보지 않았으면 말하지 말라고 불만스럽게 말했지만 그때 벗어날 수 없으므로 태풍의 중심으로 더 들어갔었더라면 긴 터널을 지나는 고통의 시간이 단축되었거나 덜 힘들었을 것이라 생각도 든다. 그러나 그것도 끝을 알고 나니 하는 후회이고 그 당시 끝을 알 수 없는 절망 가운데서도 참 잘 견디고 결국 어려움을 통과해서 성장한 내가 대견하고 참 괜찮은 사람 같다. 그리고 함께 동행 하신 주님이 감사하다.

이제는 나에게 가족에 대한 의무는 모두 지나갔다. 하기 싫어도 감당해야 했던 일들은 이제 나에게는 없다. 이제부터 하는 나의 수고는 모두 내가 자원해서 또 기쁘게 행하는 것이다. 혹시라도 어떤 일로 인해 힘들고 스트레스가 많아져도 그것은 내가 원했던 일을 하기 위해 지나가는 과정이라 위로하며 씩씩하게 그 터널을 잘 지나가겠다. 그리고 나의 시간과 마음을 기쁘게 나눠줄 수 있는 여유와 너른 품을 유지하겠다. 가끔은 지금 하는 것이 나를 진짜 기쁘게 하는가? 정말 자발적인 행동이고 결정인가를 돌아보고 늘 깨어 있으면서 스스로 자각하고 나 자신과 주변 사람들을 지지하겠다. 그동안 나의 경험과 배움을 통해 얻은 깨달음으로 넓어진 품으로 만나는 많은 사람들을 충분히 공감하고 인정하면서 함께 성장해 나가고 싶다.

고통과 그가 준 교훈

지나온 날들을 돌아보면 행복했던 기억들보다 고통의 시간들이 더 오래 남아 나를 성장시키고 있음을 보게 된다. 고통의 재료들이 타면서 성장의 원료로 쓰였다는 생각이다. 그 당시에는 어떻게 극복할 수 있었을까? 이 절망의 골짜기를 통과해 무사히 약속의 땅으로 갈 수 있을까? 그 당시는 막막하고 두렵고 떨렸지만 이제 다 지나간 일이 되었다. 지금은 그 시간들을 잘 견디고 이겨낸 내가 대견스럽기까지 하다.

첫 번째 고통의 기어은 어린 시절이다. 나의 어린 시절은 늘 혼자 외톨이였던 걸로 기억된다. 많은 가족들과 함께 살았지만 혼자였다는 기억이 지배적이다. 나는 많은 사람들 속에서도 때로는 물과 기름처럼 이질감을 느끼는 때가 많았다. 시간이 흘러 깨달은 것은 소외됨이라는 것은 분리해서 구별함이라고 깨닫게 되면서 소외되고 외로움을 통해서 나는 영적으로 더욱 민감해 졌고 그로 인해 성찰 깊은 사람으로 성장하도록 하나님이 나를 구별해 놓으셨음을 느끼게 되었다. 나를 하나님의 자녀로 부르시고 구별해 놓으심으로 다른 사람들과 떨어져서 오직 주님만을 바라보게 하셨구나 하고 깨닫게 된다. 이러한 상황은 곧잘 깊은 내면을 향한 묵상과 삶에 대한 통찰을 하게 만들었다. 오히려 이러한 시간들이 있었기에 하나님과 더 깊은 만남을 가질 수 있었고, 나에게는 영적인 유익함이 선물로 주어졌다고 생각하고 감사드린다.

두 번째 고통의 기억은 결혼하고 처음 시집살이할 때 친정에서는 딸이라서 편애를 받았는데 시댁에서는 시부모님과 시고모님 시집살이와 딸과 며느리를 편애하는 환경과 금

전적으로 계속 봉양을 해야 하는 상황이 힘에 부쳐서 너무나 힘들었다. 힘든 상황으로 인해 나는 더욱 하나님께 매달렸고 여성으로서 겪는 고통을 다양하게 경험하면서 '하나님이 나를 어디다 쓰시려고 이런 경험을 하게 하시나' 하는 질문도 참 많이 했다. 그런데 이 모든 과정은 나를 위한 하나님의 훈련 방법이었음을 느낀다. 나는 여러 경험들로 인해 다양한 상황의 사람들과 감정을 공감할 수 있는 폭넓은 사람이 되었다.

한 가지 기억나는 것은 시댁 가문의 6번째 며느리였던 나는 결혼식을 마치고 신혼여행에서 돌아오자마자 조상님들의 사당 차례를 하러 큰댁에 갔다. 집안 어른들과 윗동서들이 바라보는 엄청 낯선 상황에서 큰절을 20번 이상을 하는데 아무도 도와주지 않았고 환영받지 못하고 평가받는다는 느낌이 들어서 무척 마음이 힘들었던 기억이 있다. 그 일은 두고두고 마음에 남아 나를 힘들게 했다.

한참 시간이 흘러 친정에 조카의 결혼으로 조카며느리가 신행에서 돌아오는 날. 나는 꽃집에서 꽃 한 다발을 들고 조카며느리가 우리 가족이 됨을 환영하고 축하해 주었다. 그 시간은 조카며느리에게 주는 꽃다발이면서 동시에 젊은 날 그때의 나에게 주는 환영과 환대의 꽃다발이었다. 결혼하면서 시댁에서 받고 싶었던 환영과 환대를 그녀에게 해주며 나도 그것을 받은 것처럼 기쁘고 행복했다. 이때 나는 내가 할 수 있는 가장 기쁜 마음을 담아 과거의 나에게 환영과 환대의 인사를 건네며 과거의 그 뻘쭘함과 서운함을 멋지게 날려버렸다.

놀랍게도 내가 삶의 어느 시점에서 받고 싶었던 것들을 필요한 누군가에게 선물해 줌으로써 나의 부족함이 채워지고 행복해짐을 느꼈다. 그때부터 내가 어떤 시점에서 받고 싶었는데 못 받았던 것을 필요로 하는 다른 사람에게 선물해주는 일을 종종 하게 된다. 그 행위는 그 때 느꼈던 서운함과 부족함을 채워 행복하고 찬란한 풍요로움을 경험하게 해준다.

세 번째 고통의 기억은 미국에서의 기러기 생활이다. 타국에서 혼자서 세 아이의 학교와 과외 활동 라이드 주기와 학교생활 챙기기, 집 안팎 청소와 정원관리 등을 직접 하면서 중 고등학교 사내아이 세 명을 먹이고 입히는 일은 보통 일이 아니었다. 이로 인해 기러기 생활 3년 이후부터는 쓰러지기도 하고 공황장애와 불면의 밤을 지내며 마음이 많이 힘든 시간을 보냈다. 그 당시 한창 키가 크던 세 사내아이가 사는 우리 집은 식사 시간에 전화가 오면 아무도 받지 않았다. 전화를 받고 돌아오면 식탁에 남은 것은 아무것도 없을 정도로 정말 무섭게 잘 먹던 시절이었기 때문이다. 보통 아침은 빵을 먹고 점심은 학교 카페테리아에서 먹고 저녁 한 끼 밥을 먹는데도 코스트고의 50파운드 쌀이 1달이면 동이 나서 다시 사야 할 정도로 아이들의 먹성은 대단했다.

나는 그곳에서 아이들을 학교에 보낸 오후 3시 전까지의 시간은 무척 고즈넉해서 인구 3만 명의 작은 도시 생활은 마치 수도원 같은 고적하고 외로운 시간을 지냈다. 교회에서 이민자들에게는 교수 부인으로 편안하게 사는 사람으로 오인되어 소외되고 기러기 엄마들에게는 영주권이 있는 신분이 안정되어 시기를 받는 이민자로 분류되어 여기도 저기도 함께 하지 못하고 또한 그 부류에 들어갈 수 없었다. 아이들이 학교 갔다가 돌아오기까지 매우 짧은 시간이었으므로 남들처럼 4시간 이상 걸리는 골프는 할 엄두도 내지 못했고, 그저 집 근처의 공원을 산책하는 것이 전부였다. 나의 삶은 매일 명상을 하고 호미를 들고 정원에 가서 정원을 가꾸며 말씀을 되새기는 하루들이 모여 10년간의 삶을 이어갔다.

오레곤주의 한적한 작은 도시 코발리스의 삶은 나에게 평화와 지혜를 넘치도록 부어주는 수도원의 일상 같았다. 늘 하는 농담으로 미국에서 그 흔한 월마트도 없는 동네로 그저 애들 학교 보내고 기도와 묵상과 노동밖에 없는 단순하고 소박한 일상이었다. 그때 한국으로 돌아오기 전에 정원을 가꾸느라 열심히 사용하던 호미가 부러지면서 나의 코발리스 생활의 마침표를 찍어 주는 듯했다.

  이로 인해 나는 더욱 하나님과 동행하는 시간을 가질 수 있었다. 큰아이가 12학년 여름 곧 대학 기숙사로 떠나야 할 그때 가장 완벽한 시간에 가장 필요한 분이 우리를 위해 오셨다. 15년간 뵙지 못했던 사랑하는 오하이오 콜럼버스교회 이근상 목사님께서 우리 교회 여름 수련회 강사로 오시는 기적 같은 일이 일어났다. 대학 신입생이 된 아들을 대학기숙사로 떠나보내야 해서 불안했던 우리 가정에 보호하심과 평안을 선물해주셨던 하나님의 완벽한 계획은 우리를 감동시켰고 그로 인해 힘을 얻고 내일의 일들을 꿋꿋하게 감당할 수 있었다. 그 외에도 더 많은 일들을 통해 함께 하신 하나님 나를 만지시는 하나님의 손길을 느꼈다. 나에게 다가오는 여러 가지 일들은 나를 주님께 더 가까이 가도록 하시는 하나님의 초대임을 깨달으며 두려워하지 않고 발걸음을 옮기겠다고 마음먹는다. 분명 나를 위해 가장 완벽한 곳으로 인도하시는 주님의 계획을 믿기 때문이다.

고마운 나의 멘토 은인들

내 인생에 가장 고마운 분이 누구실까 생각해 본다. 단연 제일 먼저 떠오르는 이름은 초등학교 3학년 곽동욱 담임 선생님이시다. 그리고 또 한 분은 오하이오 유학 시절 만났던 한인교회 이근상 목사님이시다.

곽동욱 선생님은 처음으로 나의 이름을 불러주신 분이다. 음악합주단을 조직하시면서 나에게 멜로디온 연주를 맡겨주셨다. 선생님을 통해 나 자신을 인식하고 각성하는 계기였다. 초대를 갓 졸업한 20대 초반의 선생님은 패기에 넘치셨고 공정하게 모든 아이들을 챙겨주셨다. 동작동 국립묘지까지 걸어서 갔던 봄 소풍에서 선생님은 나에게 강렬한 인상을 남겨주셨다. 소풍에 따라 오셨던 친구의 할머니가 점심시간에 선생님께 김밥도시락을 드렸다. 그런데 그 나무도시락은 비에 젖어 터져 볼품없이 흐늘거렸고 한쪽이 터져 김밥이 다보일 정도였다. 놀랍게도 김밥이 다 보이는 젖은 도시락을 받으시고 그 아이 가족과 함께 도시락을 드셨던 선생님, 강직하게 평생을 평교사로 아이들을 가르치셨던 선생님. 아주 오래전 일이지만 그분의 선한 눈빛과 열정을 잊을 수가 없다.

작년에 돌아가신 나의 영적 아버지 이근상 목사님을 생각해 본다. 늘 사려 깊은 눈으로 마음까지도 어루만져 주시던 아버지 같은 분이다. 조용한 어조로 다그치지 않고 그저 기도하시며 기다려 주시던 모습이 생각난다. 캠퍼스 사역하시는 장로님과 대학원생으로 만나 30년을 뵈온 우리 목사님은 하나님 말씀으로 살기 위해 몸부림치셨다. 너무나 진솔하게 고민하고 갈등하는 속내를 그대로 나눠주셨고 결국은 말씀대로 사셨던 행동으로 보여주셔서 더욱 존경할 수밖에 없는 분이다. 나에겐 장로님이라는 호칭이 더 가깝고 편안하지만 장로로 섬기시던 교회에서 담임목사님으로 청빙 받을 정도로 인격이 훌륭하신 목사님이시다. 서울대 정치학과를 나오고 미국에서 정치학박사를 받고도 평생을 오직 한길 하나님만을 바라보고 사신 외길 사랑과 충성된 목사님. 무슨 일을 직업으로 하든지 있는 그 자리에서 주어진 일을 하다 죽으면 순교라고 힘을 주시던 목사님이 그립다. 내가 어려운 일을 당해 힘들어할 때 매년 한국에 나오셔서 측은한 눈으로 바라보시며 기도해주시고 돈이 든 흰 봉투를 슬며시 전해주신 아버지 같은 목사님이셨다. 사모님께서 함께 한국에 오시지 못했던 어느 해인가 나를 만나실 때 호텔 로비에서 나를 만나시며 정말 조심스레 내외를 하시던 목사님 모습이 눈에 선하다. 이 두 분에게서 배운 것들은 누군가를 있는 그대로 봐주신 사랑과 자신의 직업에 대한 충성심과 책임감, 사람들에 대한 존중과 배려, 공정, 약한 사람들에 대한 연민 등 두 분이 지닌 모든 덕목들은 정말 존경받을만한 인격들이다. 나도 이 두 분의 성품을 본받아 주위에 선한 영향력을 나누는 삶을 살고 싶다.

삶의 고난을 통해 얻은 기회와 가능성

내가 평생에 감사드리고 싶은 세분은 초등학교 3학년 담임이셨던 곽동욱 선생님, 오하이오 콜럼버스 OSU캠퍼스 사역에서 만난 나의 영적인 아버지 이근상 목사님과 강한 적응력과 생명력을 주신 어머니이다.

그분들 중에 두 분은 이미 만날 수 없는 고인이 되었지만 나는 여전히 그분들의 사랑 담긴 눈빛을 기억한다. 나도 그분들처럼 모든 이에게 공정하고 평화로우며 비판하지 않고 인내하며 기다려주는 사람이 되고 싶다. 앞으로 나의 삶 속에서 두 분에게 받은 고귀한 덕목들을 주변 사람들에게 나누고 전하는 것이 두 분에 대한 감사일 것이다. 어머니는 나에게 끈질긴 생명력과 적응력 그리고 민첩함을 물려주셨다.

비록 편애가 내 마음에 상처로 남았지만 지금도 여전히 아들밖에 모르는 아들 바보이시지만 어머니의 그 모습까지도 수용하고 인정해 드린다. 그분의 고달픈 삶의 연속에서 어머니도 어머니의 최선을 다했음을 이제는 알기 때문이다.

삶의 어려움이 다가올 때마다 그분들은 나를 영적인 성장으로 인도해 주었으며 또 다른 삶의 페이지로 무사히 잘 성장해 갈 수 있도록 힘을 주었다. 그분들의 사랑과 보살핌이 있어서 지금의 내가 있는 것이라 생각한다. 유학 후 오하이오 콜럼버스교회에서 선교사 파송을 받고 한국으로 돌아와서는 온전히 가정 사역자로 섬기며 온 가족을 전도하도록 하셨고 그 후 교회의 구역장으로 많은 사람들을 만나고 섬기는 경험을 하게 하셨다. 다시 미국에서는 수도원 같은 생활을 통해 기도와 묵상과 노동의 시간을 통해 영적으로 더 깊어진 시간이었다. 이때가 하나님과 가장 가까이 느끼며 지낸 영적 부흥의 시간이었다.

한국으로 돌아와 3년 동안 5번의 장례식과 두 아들의 결혼식을 치르며 내 삶에서 해야 할 숙제들을 모두 마치게 하시고 코칭을 만났다. 그동안의 나의 모든 경험을 가지고 내 삶의 새로운 문으로 들어가는 시간들이었다. 그로부터 10년이 지나갔다. 그동안 많은 사람들을 만났다. 부지런히 코칭 고객을 만났고 코칭학으로 논문을 마치고 박사학위도 받았다. 일과 공부와 코칭에 몰두하며 온몸으로 고통을 마주하며 견디는 동안 나를 다시 성장하게 하였다. 코칭을 공부하는 동안 NGO단체에서 일하며 행정일과 기획하고 리더로서의 일을 실무에서 익히는 기회를 가졌고 그동안 보호관찰소의 보호관찰을 받는 비행청소년들과 마약사범으로 보호관찰을 받는 성인들을 만나서 상담과 코칭을 하였다. 또한 한국직업능력연구원 커리어넷에서 진로 상담위원으로도 진로 관련 실무경력을 쌓을 수 있었다. 그리고 2019년부터 한국코치협회 이사로 부회장으로 나의 삶의 영역의 폭을 더 확장되었다. 2022년 코칭을 공부한 10년이 되는 해에 다시 미국에 오가며 살게 되면서 내가 꿈꿔왔던 미국으로의 코칭역수출의 기회가 생겼다. 지금은 대학교 부설 코칭센터를 개설하여 센터장으로 해외교민의 코칭교육과 코치양성 그리고 코칭문화 확산을 할 수 있는 토양을 구축하고 있는 중이다. 아직은 745만 명 해외 교민들에게 코칭이 충분히 알려져 있지는 않지만 언젠가는 코칭문화가 꽃피울 날이 있을 것이라 소망해본다.

 코칭과 크리스천 코칭을 미국 사회와 한인 커뮤니티에 알릴 기회가 온 것이다. 해외의 한인사회가 긍정적인 모습으로 성장과 발전을 거듭하는 자원을 탐색하고 개발하도록 도와 세계 문화시민이며 기독교인으로서의 정체성과 자부심을 갖도록 코칭을 통해 교육하고 영성코칭을 한다

과거에 대단한 삶의 수업료를 톡톡히 지불하면서 얻은 기회와 가능성은 나에게 그 값보다 더 높은 기회와 가능성을 펼쳐 놓았다. 여기까지 오기까지 정말 많은 시간이 흘렀으나 충분히 아니 넘치도록 나에게 의미와 보람이 있었음을 감사한다. 그동안 경험을 통해 통찰하고 느꼈던 모든 것들을 사람들과 나눌 수 있도록 책을 내거나 수업을 통해 코칭을 통해 부지런히 나누고 싶다. 살아가면서 부족했고 갈망했던 욕구가 있었다면 나에게 채우는 것이 아니고 필요한 다른 사람들에게 나누는 것을 통해 그 기쁨으로 나를 채워갈 것이다.

고유하고 빛나는 나

나는 다른 사람이 갖지 않은 독특한 장점을 가지고 있다. 위기의 순간에 기지가 생기는 순발력, 회복탄력성, 긍정성, 끝까지 해내고자 하는 강한 의지력이 있다. 나의 이런 점들은 심리적으로 도움이 필요한 사람들을 돌보고 다시 일어서

게 하는 일을 도울 수 있다. 비전 세우기 등을 도와줄 수 있다.

여러 가지 크고 작은 가정적인 어려움을 겪으면서도 좌절하지 않고 계속 한 걸음이라도 앞으로 내딛는 내가 될 수 있었던 것은 내가 가지고 있는 이러한 강점 때문일 것이다. 성경 속의 인물 야곱이 험한 80년 인생이라는 말이 이해되는 순간이다. 상처투성이라도 그 시간을 뚫고 살아 내었기에 지치고 초라한 얼굴 속 단단함 때문에 나 자신이 대견하고 사랑스럽다. 상처투성이라도 살아남은 그 끈질긴 생명력과 다시 아름다운 꽃을 피울 회복력을 가진 나에게 참 잘했다고 박수쳐 주고 싶다.

나를 만나는 사람들이 자신을 의식하고 자신의 모습대로 살아가는 모습을 보면 나는 재미있기도 하고 행복하기도 하다. 그리고 사람들이 성장하는 모습을 보면 나도 덩달아 성장하는 것 같은 기쁨이 있어 이런 재미, 행복, 성장과 기쁨이 모여 나의 삶을 의미 있게 만드는 것 같다.

자기 속에서 갇혀 웅크리고 있던 사람이 세상 밖으로 용감하게 나아가는 모습을 보면 나는 힘이 나고 새로운 도전과 희망에 들뜨게 된다. 이런 것들을 이루어 나가기 위해 나는 주변 사람들에게 비전을 심어주는 것, 여러 개념들을 통합하여 쉽게 설명하고 분석하는 것, 가르치는 일에 흥미를 느끼는 것 같다. 나는 먼저 혼자서 무엇인가 진리를 찾고 지혜를 얻는 활동을 좋아한다. 그것을 통해 깨달은 것들을 나누는 것을 좋아하는 것으로 보아 결국 내 생각을 표현할 수 있는 글 쓰는 일을 해야 하는데 아직은 정리되지 않은 생각과 글솜씨로 인해 지연되고 있다. 이것을 조금 더 성장시키기 위해 책을 좀 더 읽고 내 마음 밭을 더 풍요롭고 윤택하게 하고 싶다. 그리고 그동안의 나의 경험과 생각이 담긴 코칭 프로그램과 교육프로그램이 필요하다. 특별히 타문화권에서 살아가는 교차문화권 사람들에 대한 애정이 깊다. 나도 그들 중 하나이기에....

21일 미래 성공을 상상하는 유익과 실현

2012년 3월 나는 처음으로 코칭을 접했다. 처음 코칭을 배울 때 그려 보았던 내가 원하는 나의 미래 성공 사진을 자주 기억하면서 상상하는 것만으로도 충분히 즐거웠다. 그때로부터 10년 만인 2022년 1월 18일에 나의 성공 사진은 완성되었다. 나의 미래 성공 장면을 생생히 그려보고 꿈꾸며 그곳을 향해 달리다보니 그 비전이 눈앞에 현실로 펼쳐

지는 감격을 만났다. 많은 사람들 앞에서 하고 싶은 코칭 강의를 하고, 코칭을 미국으로 역수출하는 글로벌 코치로서의 첫걸음을 떼는 내 모습을 볼 수 있었다. 감개무량한 모습이다. 내 인생에서 매우 뜻깊고 의미 있는 기념비적인 날이라고 말하고 싶다

  여기에서 멈추지 않고 나는 다시 새로운 꿈을 꾼다. 더 먼 미래 나의 성공 사진을 상상해 본다. LA지역의 코칭센터 사무실에서 분주히 오가는 사람들과 연달아 울리는 전화벨 소리를 뒤로하고 아늑한 사무실에서 코칭을 하는 모습을 상상해 본다. 전 세계 한인 동포들에게서 걸려오는 전화를 받는 코디네이터는 경쾌한 목소리로 강의를 요청하는 의뢰와 코칭 교육과 개인 코칭 시간을 조율하며 글로벌 한인코치들의 리스트를 살펴본다. 그리고 전 세계 코칭 공동체가 매년 만나는 축제의 기획안을 위해 줌회의를 하며 전 세계 한인 동포들이 지역사회의 리더로서 코칭 리더십을 발휘하며 성장해 나가는 모습을 보고 기뻐한다. 코칭 문화 확산으로 인해 전 세계는 존중과 배려가 넘쳐나는 아름다운 사회로 한 발짝 나아가는 중이다.

  21일간의 셀프코칭을 마치고 나를 돌아보면 나는 어디에도 잘 스며드는 사람이다. 어떤 상황에 있든 금방 적응하고

나름대로 금방 가장 나를 편안하게 만들 수 있는 강한 적응력과 회복력 그리고 강한 생명력의 소유자다. 지금은 내가 진정 원하는 것을 말할 수 있고 다른 이에게 나의 원하는 바를 편안하게 요청할 수 있는 내가 된 것이다. 나는 매우 소중한 사람이고 나 스스로 이곳까지 오면서 참 많은 것을 해낸 열심히 산 사람이다. 이 모든 것들을 귀한 기억과 추억으로 가끔은 꺼내어 놓고 과거의 자신을 토닥이고 위로하고 지지해주고 싶다. 내 안에는 그동안 살았던 그 순간의 내가 다 들어 있다. 21일간의 셀프코칭을 통해 지금의 나는 어느 때보다 홀가분하고 순수한 시선으로 나 자신을 들여다볼 수 있는 내공이 생겼다. 부족한 것은 부족한대로 잘못된 것은 잘못된 것으로 그대로 수용하며 나 자신을 있는 그대로의 모습을 사랑하고 나 스스로 환대하게 되었다. 있는 그대로의 나를 따뜻한 시선으로 돌아볼 수 있기 때문에 타인들에게도 똑같이 따뜻한 시선으로 바라봐 줄 수 있다. 언제나 사람들 속에서 그들의 강점과 탁월성을 인정하고 배운다. 나는 그들을 통해 세상을 배우는 학습자의 자세로 오늘을 살고 있다. 나도 너처럼 너도 나처럼 함께 성장하고 함께 기뻐하는 우리로 살겠다.

   21일간의 나에 대한 성찰을 통해 내가 누구인지 좀 더 명확히 알게 되었고 나로 살아가는 힘과 여유가 생겨서 자신 있게, 하지만 친절하게 나를 보이고 함께 걸어가는 삶의 지혜자로 앞으로의 삶을 살 수 있을 것이다.

다른 이들의 삶에도 함께하며 그들이 진정 원하는 것을 알고 그것을 기꺼이 선택하며 자신의 힘으로 그 삶을 꾸려 나갈 수 있도록 응원하고 지지하는 일을 하고 싶다. 나는 오늘 하루도 정진하며 더 좋은 길을 찾아서 탐험을 계속하겠다. 두려워하지 않고 용기 내어 얼음바다로 뛰어드는 첫 번째 펭귄(the First Penguin)의 삶으로 오늘 하루를 시작한다.

2부

삶의 길, 구도의 길

— 유인상 코치의 글

나는 순례자입니다.
- 유인상 코치

나는 순례자입니다

나는 선한 의도와 의지를 가지고 좀 더 나은 존재가 되기 위해, 또 본연의 나를 찾고 그 존재와 하나가 되기 위해 노력하는 사람입니다. 그것을 통해 세상이 더 밝아지고 함께 하는 사람들이 성장하는 데 도움이 되길 바랍니다. 그러나 애쓰지 않고 자연스럽게 함께 하려는 사람입니다. 나는 자유주의자입니다.

나는 나를 관찰합니다

나는 무엇이든 성취를 이루고자 하는 열정, 욕구가 있습니다. 그러나 그것이 아직 많이 부족하다고 느끼며 스스로의 부족함에 대해 안타까워하고 그것을 위한 노력이 부족하다며 탓하기도 합니다. 그러나 마음 한구석에선 그래도 괜찮아 조급해하지 말고 지금의 나를 받아들이고 함께하라는 느낌도 느껴집니다. 다 잘 될 거야 라는 믿음도 있지만 그래도 되나? 라는 의심도 함께 올라오는 어느 부분 회의론자이기도 합니다.

자연스럽고 편안하게 삶을 관조하고 그 삶 속에서 나를

성장시켜 나가며 밝은 빛으로 세상을 밝히고 싶은 존재이며 지금의 나를 넘어서서 지금 보지 못하는 것을 보고, 알아차리지 못하는 것들을 알아차리며 더 높이 상승하고지 하는 존재입니다. 세상의 기준과 관계없이 세상의 기준 너머의 것들을 추구하며 자연스럽게 기쁘게 살고자 하는 존재입니다. 선과 악의 판단 분별없이 있는 그대로의 나를 느끼고 받아들이며, 상대도 역시 그대로 인정하고 수용하고자 하는 존재이길 원하는 사람입니다.

환경과 나

나는 한국인 남성으로 3형제의 장남이고, 몇 명의 처제들과 동서들이 있는 맏사위입니다. 그리고 한 아이를 둔 가장입니다. 또한 어린 시절과 사회생활을 통해 만난 친구들, 그리고 코칭을 통해 연결된 코치들과의 관계 속에 있는 코치입니다.

또한 나는 소수민족의 일원으로 살아가는 이민자로서, 사회복지기관에서 근무하며 주류 사회와 연결되려 하지만 일의 범위가 주로 한국 교민들을 위한 일이기 때문에 여전히 한국 커뮤니티 안에 머물고 있는 고립된 이민자이기도 합니다. 그래도 코칭을 통해 주류 사회와의 연결을 유지하고 있음을 다행으로 여깁니다.

　다민족, 다문화 국가에서 살아가면서 다문화와 다른 인종, 다른 민족 출신의 사람들과 접촉할 기회가 많다 보니 다름에 보다 유연해졌고 다름을 인정하게 됩니다. 또한 사회의 주류가 아닌 마이너로서, 사회적 약자로서 살아가기 때문에 사회적 약자에 대한 이해와 공감이 높아졌습니다. 그래서 상대적으로 약자들에 대한 관심이 더 높아졌고 그들의 권익과 보호를 위한 일에 연결되고 활동하는 일에 보람을 느낍니다.

　이런 삶에서 얻은 성찰은 각자 자신의 입장에서는 다 옳다고 여기지만, 진정으로 상대의 입장이 되어보지 않고서는 제대로 이해하기 어렵다는 것입니다. 상대의 신발을 신는 것만으로는 부족하고 그 신발을 신고 그 신이 내게 익숙함을 느낄 수 있어야 상대를 이해하게 될 것입니다. 한국인으로서 이곳 주류 사회를 이해하는 것도 한계가 있고, 타민족의 사람들을 이해하는 것도 언어적으로나 문화적으로나 많은 한계가 있습니다. 따라서 우리가 각자 그런 한계를 가지고 있음을 인식하고 그것의 한계 내에서 간극을 좁히려 노력하는 과정이 서로에게 필요하고 그런 과정 안에서 신뢰와 친밀감이 형성되는 것을 경험하고 있습니다. 이런 깃들은 자신의 각성과 의지가 필요하고 또 시간이 걸리는 작업입니다.

학습된 나

사람은 모두 다르고, 다름이 나쁜 것이 아니라 단지 다를 뿐입니다. 또한 그런 다름이 불편할 수도 있지만, 그 다름을 받아들이면 그것은 불편함이 아닌 새로움을 경험하는 배움의 장이 될 것입니다. 나는 다양한 문화와 언어, 인종들과의 교류를 통해 한국에서는 경험하기 힘든 다양성을 경험하고 있습니다. 또한 주류 사회의 일원으로서 살아가는 한국의 환경과 달리 마이너리티(이것은 각자가 정의하는 것에 따라 다를 수 있지만 저는 그렇게 받아들이고 있습니다)로서의 삶의 경험이 코치로서 고객의 입장을 이해하는 데 많은 도움이 되는 것 같습니다. 그 결과 타민족 사람들을 편견 없이 대할 수 있게 되었고, 타문화를 이해하려는 적극적인 인식의 전환이 생겼습니다.

나는 직업인입니다

　함께하는 사람들과 함께 하나의 독립된 존재로서 성장해 나가며, 그들이 해결하고자 하는 문제나 이루고자 하는 목표를 성취하도록 돕고, 그 길에서 삶의 의미와 목적을 찾고 목적 있는 삶, 의미 있는 삶을 살아가도록 도움이 되려는 나는 코치입니다. 코치로서의 삶을 기뻐하고 타인의 성장을 바라보는 기쁨을 즐기고 싶어 하는 나는 직업인 코치입니다.

　처음 코칭을 배울 때 상호코칭 파트너와 6개월 이상 상호코칭을 하면서 깊이 있는 대화를 나누는 즐거움을 누렸습니다. 코칭을 통해 도움을 받고 도움을 주는 기쁨을 알게 되었습니다. 특히 코칭을 하면서 코칭은 타인의 성장을 돕기 위해 코치인 나부터 성장해야 하고 자연스레 성장해 나간다는 것을 알게 되어 이 길을 선택하였습니다.

　유료 코칭을 진행하기 전에 지인들에게 수개월 동안 무료로 코칭을 진행하였습니다. 이 과정에서 서로에 대한 신뢰가 높아져 사적인 관계에서도 가까워졌고, 코칭을 통해 함께 성장해 나가는 경험을 하게 되었습니다. 이후로도 가끔

씩 코칭 대화를 통해 당면 현안들을 함께 풀어나가거나 인식의 전환을 경험하곤 합니다.

HIV를 가지고 있는 분을 사회복지기관에서 만나 돌보기 위해 주기적으로 만나게 되었는데 코칭적 접근을 적용하였고 결국에는 코칭 세션으로 이어졌습니다. 그러자 이분은 어려운 환경 가운데서도 자신이 원하는 것들을 하나씩 이루어가고 급기야는 시민권까지 받게 되었습니다. 이러한 과정을 함께 하면서 코치가 아닌 고객의 내적 동기와 동시성의 힘을 경험하였습니다.

코칭을 통해 처음엔 코칭의 기술적인 면에 관심이 많아 이것저것 배우고 익히면서 고객의 변화를 위해 적용해 보는데 집중하였습니다. 이후 여러 경험들이 쌓이고 코칭 이외에 마음과 관련된 여러 공부와 수행을 통해 견문을 넓히면서 이것들을 코칭에 적용해 보는 맛을 느끼고 있습니다. 또한 코칭은 고객과의 신뢰 관계가 중요함을 깨닫게 되었고, 내 에고가 발동되는 순간들을 목격하고 성찰을 통해 그것을 다듬어 나가는 작업들을 하고 있으며, 이것이 나의 성장을 돕고 있습니다. 코치로서 고객들에게 코치다운 삶의 모습을 보이는 것이 자연스러운 것인데 그러기 위해선 스스로의 말과 행동을 알아차려 다듬어 나가는 과정이 지속되어야 한다고 생각합니다.

전문 직업인으로서 코치가 먼저 스스로 변화와 성장을 지속하는 삶의 루틴을 통해 삶 속에서 자연스레 코칭이 이루어지는 것이 바람직한 모습이라 생각하며, 아직도 가야 할 길이 멀다는 것을 느낍니다.

다른 사람과 나

가까운 가족은 나를 성실하고 선한 사람, 신뢰할 수 있는 사람, 심지가 굳은 사람이라고 생각하는 것 같습니다. 그러나 한편으론 매정하지 못해 귀가 얇아 다른 사람들의 말에 쉽게 동조하고, 자기 주장을 강하게 하지 않는 사람, 우유부단한 사람이라고도 생각하는 것 같습니다.

가까운 친구들은 코치로서 사람들에게 선한 영향력을 끼치려는 사람, 자기개발을 꾸준히 하는 사람, 뭔가 도움을 주려는 사람, 함께 있으면 편하기도 하고, 한편으론 어렵기도 한 사람으로 인식하는 듯합니다.

일반인들은 전문 코치로 코칭과 강의를 하며 뭔가 사람의 마음을 들여다보고 말을 잘하는 사람, 지식이 많은 사람이라고 생각하는 것 같습니다. 또 해외에 살고 있기 때문에 영어를 잘하는 사람이라는 기대를 갖고 있는 것 같습니다.

코치가 되기 전의 나

한국에서 살았던 때는 코칭을 본격적으로 시작하기 전이었습니다. 평범한 가장이고 회사원으로서 성실하게 자기 일을 잘 해내는 사람, 직장에서 인정받는 사람으로 함께 있으면 유쾌하고 남의 말을 잘 들어주고 진지하게 대해 주는 사람이나 친구로 인식되었던 시절이었습니다.

현지의 친구나 동료는 신뢰할 수 있는 친구, 동료이고, 이곳 현지 주류사회보다는 한국교민들과 주로 교제하고 교민 사회에 영향력을 끼치려 하는 사람으로 생각하는 것 같습니다. 같은 종교 신자들은 강의하고 코칭하고 사회를 잘 보는 사람, 종교생활에도 열심이지만 종교적으로 뭔가 다른 접근을 하는 사람으로 인식하고 있는 것 같습니다.

신뢰하고 믿을 만하고 많은 것을 알고 있는 사람으로 보이지만 왠지 대하기 어려운 점이 있는 사람이라고 느끼는 것 같습니다.

그러나 어떤 사람들은 나를 도전적인 사람, 끈기 있는 사람, 믿을 만한 사람이라고 말하기도 합니다. 그들 입장에서는 내가 그들이 살고 있는 방식으로 살고 있지 않기 때문에 뭔가 특별하고 그런 삶을 지속하고 있는 것에 대해 도전적이고 끈기가 있다고 생각하는 것 같습니다. 그들도 나의 삶의 방식이 뭔가 다르고 이렇게 사는 것도 어떨까 하지만 그렇게 살고 싶지는 않아 하는 것처럼 보입니다.

숨기고 싶은 나

가족은 나의 평정심을 통해 그 진동으로 안정에 도움을 받을 것이고, 상대의 투덜거림이나 짜증에 반응하지 않고 평정하게 대할 수 있다면 상대도 나를 통해 스트레스 받은 마음에 위로를 받을 것입니다. 또한 공감 받는다는 느낌으로 많은 부분 해소될 수 있을 것으로 기대됩니다.

가족 구성원 중의 누군가 잔뜩 스트레스 받은 얼굴로 들어온다면 나는 먼저 상대에게 무슨 일이 있는가 하는 걱정과 궁금함이 올라올 것이고, 상대의 표현방식에 의해 나도 영향을 받아 기분이 상할 가능성이 높습니다. 그 시점의 내 마음이 평정심을 유지하고 있었고 그럴 의도가 있다면 가능하면 상대의 기분을 이해하고 맞추어 주려고 노력할 것이고, 그렇지 못하다면 기분이 상해서 상대의 감정을 상하게 할 가능성도 가지고 있습니다. 그러나 처음엔 가족을 사랑하는 가장으로서 상대에게 무슨 일이 있었는지 알아보고 공감보다는 문제 해결 중심으로 생각해 보는 태도를 보일 가능성이 높습니다.

나에게도 가끔은 스트레스가 있습니다. 내가 기대했던 만큼 나의 코칭 실력이 발휘되지 못한다는 것, 코칭이나 강의 준비 등이 계획한 대로 진도가 나가지 못하고 있다는 것을 인식할 때 나는 스스로에게 불만족한 감정이 일어납니다. 그때 가족이 내 일을 좀 도와주면 좋겠는데 그렇지 못하다는 것이 더욱 불만의 요소로 생각될 것입니다. 가족은 각자의 역할에 충실하고 내게 나의 역할에 충실할 것을 기대하고 있어 나의 기대와 갭이 존재하고 있음을 볼 수 있습니다.

여기에 덧붙여 육체적인 피곤함, 정신적인 스트레스, 집중력이 떨어져 계획한 대로 진도가 나가지 않을 때 스트레스가 쌓이고 이것이 평정심을 방해합니다.

나는 평범합니다.

 나는 나의 실력이 타인들이 기대하는 것에 비해 많이 부족다는 것을 숨기고 싶습니다. 해외에 살고 있지만, 영어 실력이 많이 모자라다는 것을 수시로 느낍니다. 이것도 숨기고 싶은 나의 모습입니다. 나도 타인들처럼 감정적으로 소진되어 짜증을 낼 때도 있고 화를 낼 때도 있다는 것을 사람들이 알지 않았으면 좋겠습니다.
 가톨릭신자이지만 영성 공부를 하면서 기존 교리나 종교 체계를 인정하지 않고 있는 부분도 많은데 그것을 굳이 드러내고 싶지는 않은 마음이 있습니다.

 나는 스마트하고 점잖은 코치. 착하고 선량하기만 한 사람, 뭔가 능력 있어 보이는 사람. 영성을 추구하며 더 높은 진리를 추구하는 사람이길 원합니다. 그래서 스스로를 채찍질하며 한 걸음씩 나아가는 철학자, 구루이길 원합니다. 그러나 이상과 현실의 괴리를 느낄 때가 많습니다. 영성을 추구하며 살고 있지만 영적이지도 못하고 지혜도 부족한 스스로의 모습을 발견하고는 소스라치게 놀랄 때도 있습니다. 이것이 과연 나란 말인가? 의아해 할 때도 있습니다.

그래서 가족 외의 타인들을 만날 때 코치의 가면을 쓰는 경우가 많습니다. 스스로의 약점을 알고 있기에 더 경청하려 하고 상대를 이해하려고 합니다. 상대에게 뭔가 코치로서 도움을 주고 싶고 영향력을 끼치고 싶기 때문입니다.

그냥 자연스럽게 있는 그대로의 나를 보여주길 바라고 그러면 긴장이나 힘이 빠질 것이라는 희망이 저를 일으켜 세워줍니다.

현실의 나

나는 아직도 공사 중입니다

코로나로 삶의 환경과 코칭/강의 환경에 많은 변화가 일어났습니다. 온라인 접촉이 일상화되면서 한국과 해외 각국에 있는 많은 다양한 사람들과의 접촉이 가능해지고, 이곳에서 한국이나 다른 나라의 강의에 참여가 가능해지고, 나의 강의도 세계를 대상으로 가능해지고 있습니다. 코칭도 역시 마찬가지로 확대되고 있습니다.

많은 기회를 앞에 두고 나는 하나에 집중하기보다는 여러 가지를 한꺼번에 벌이려 하고 있는 나의 모습을 보게 됩니다. 호기심으로 이것저것 하고 싶은 것들이 많아 여러 영역의 일들을 벌이고 있는데 그러다 보니 힘에 부치거나 전문성이 떨어지는 결과가 나타나고 있습니다.

또 한 가지 어려움은 물리적으로나 환경적으로 이곳 교민사회에 코칭과 강의가 아직 활성화된 상태가 아니다 보니 고객이 적고 강의 기회가 많지 않아 경제적인 어려움에 직면해 있습니다.

기회와 어려움이 동시에 있는데 이것을 피할 수는 없는 상황입니다. 이것에 직면해서 극복하고 나만의 해결책을 찾아 성장해 나가야 한다고 느끼고 있습니다.

많은 일을 진행할 필요를 느끼고 있는데 혼자 하기엔 벅차다는 느낌도 듭니다. 협업할 파트너를 찾아야 할 것 같습니다.

내게 주어지는 여러 상황들은 결국 내가 불러들인 것이고, 그렇기 때문에 불평할 것이 없습니다. 이 모든 일들은 나의 성장을 위해 필요한 자양분들이기 때문에 받아들이고 그것을 통해 성장해 가야하겠습니다.

코칭과 강의를 통해 만나는 고객들과 가족이 나에게 힘이 되어주니 다행입니다. 그러나 경제적인 상황과 미래에 대한 불확실성은 앞으로 내가 극복해야 할 문제입니다.

적극적인 코칭, 강의에 대한 마케팅의 부족과 내 자신에 대한 자신감 부족도 스스로 해결해야 할 중요한 삶의 과제라 할 수 있습니다. 그러나 가족이 있어, 고객들의 격려가 있어 다시 일어설 수 있습니다.

나다움을 찾습니다

선택과 집중을 통한 결과물 산출로 활기 있는 삶을 영위하고 싶은데, 결과물이 적다는 압박감을 느끼고 있습니다. 너무 많은 일들을 벌이고 있는 에고도 또한 나다움을 방해하는 장애 요소들입니다. 선택과 집중을 통해 삶 가운데 수시로 일어나는 혼란스러움을 해소한다면 나다움에 한층 가까워질 것입니다. 그러기 위해서 내가 진정으로 중요하다고 생각하는 것을 선택하고 나의 한계를 받아들이는 것도 지혜라는 생각을 합니다.

때로는 협력자와 협업을 하는 데 어려움이 있고, 일들을 하는 데 시간이 부족하고, 그러다 보니 효율적인 시간 활용이 안 되고 있는 것도 사실입니다. 그럼에도 불구하고 내가 좋아하고, 하고 싶은 일이고, 나의 소명이라고 느끼기 때문에 나는 앞으로 달려 나갑니다.

내가 진정으로 소망하는 일을 선택하고, 우선순위를 정하여 그 일에 집중하고 몰입하여 노력하다 보면 좋은 협력자도 나타날 것이라 생각합니다.

두려움 너머 존재 표현

나는 가장입니다

나는 개인적으로 한 가정의 가장입니다. 그렇기 때문에 가족의 안정적인 삶을 유지하기 위한 책임감도 가지고 있습니다. 혹시라도 가족의 안정적인 삶이 나로 인해 영향을 받을까 두려움이 밀려올 때가 있습니다.

그러나 나는 사회적으로 바람직한 삶을 살아가야 하고, 다른 사람들의 삶의 발전을 도와주는 코치이기도 합니다.

두려움 가운데서도 진정한 내가 표현하고 실천하고 코치로서, 영성인으로서 나와 타인의 성장을 함께 하고 돕는 일을 통해 기쁘게 사는 삶, 내게 주어진 재능을 십분 발휘하며 세상이 좀 더 밝아지는데 기여하는 것, 지속적인 공부와 수행을 통해 상승하며 나를 초월하는 것이 나의 목표이자 의

무이기도 합니다.

 따라서 나는 탁월한 코치로서 세상에 기여하며, 영적으로도 더 성장하며 더 깊이 있는 코칭을 할 수 있기를 기대합니다. 그렇게 될 때 정신적, 환경적, 물질적, 영적으로 보다 균형 잡힌 삶이 가능할 것 같습니다. 그리고 원하는 삶을 살면서 기쁘고 감사한 삶을 살아갈 수 있으리라 희망을 가져봅니다.

Nonsense와 본질 알아차림

 나를 진단합니다
 지금 내게 주어지는 모든 인연과 상황들은 나의 성장을 위해 주어진 기회이고 선물입니다. 따라서 기쁘고 감사하게 지금 이 순간을 받아들이고 즐기고 싶습니다.
 특별히 내 삶에서 무의미한 것을 알아차리면 더 이상 그것을 위해 나를 투자하지 않을 것입니다. 그런 무의미한 것에 돈, 시간, 에너지, 명예, 관심 등이 포함될 수 있습니다.
 그리고 무의미한 것을 쫓기보다 나에게 있는 것들을 감사하고 기념하며 축하할 것입니다. 무엇을 바꾸려고 하지 않고 원래 나다움의 본질적인 것들을 찾아 나다움으로 살도록 깊은 영향을 준 분들과 환경에 감사함을 표현할 것입니다.

  죽음, 관계 단절 어떠한 것이 찾아와도 평화롭게 나 자신을 받아들일 수 있는 상태로 불확실성을 호기심으로 맞이하고 어떠한 변화도 즐기며 변하지 않는 내면의 평정함으로 중심을 잡고 변화의 파도를 즐겨 나갈 것입니다.

1년 후 내 생의 끝에 선다면

  그럴 일이 없기를 바랍니다. 그러나 인간의 끝은 아무도 모릅니다. 그러나 그런 순간은 누구에게나 다가오게 되어 있습니다. 우리 인간을 길들이는 신의 묘수라고나 할까요? 그 순간이 언제이든 준비된 자에게는 두려움이 덜 할 것입니다

  나에게 그 순간이 찾아온다면 저는 최선을 다해 지금 준비된 것을 가지고 가능한 환경 속에서 사람들과 코칭과 강의를 통해 나누고, 가족들의 안녕을 위해 할 수 있는 일들을 준비할 것입니다. 경제적인 것, 사랑의 마음을 공유하는 순간들, 가족들이 이후의 삶을 잘 살아가도록 준비하는 것, 부모님과 형제자매들과 아름다운 추억을 공유하는 것 등이 그

것이 될 것입니다. 그리고 나의 여러 종류의 소유물들을 정리하는 일들을 하며 1년을 마무리할 것 같습니다. 지극히 평범한 것 같지만 오직 나만의 끝을 준비하고 싶습니다. 그러나 가족들에게 미안함과 내 삶에 몇 가지 후회들이 여전히 생각나 내 마음을 아프게 할 것입니다. 그러나 그 또한 나이기 때문에 나는 그러한 나를 사랑할 것입니다.

삶의 쓰레기를 내다 버립니다

 살다 보니 내 삶에도 쓰레기가 쌓여 있습니다. 불필요한 것들에 시간을 낭비하고 불필요한 것들에 감정을 소모해 왔습니다. 과거에 대한 후회나 미래에 대한 불안으로 밤을 지새운 적도 많습니다. 이제 그런 나와 작별을 고합니다. 지금 이 순간에 충실하기를 원합니다. 보다 부지런히 내 삶을 관리하며 생각에만 머물지 않고 행동하고 결과를 내고 싶습니다.

 내게 주어진 사명과 비전, 의미와 목적을 탐색하고 그것을 근거로 한 장단기 목표들을 세우고 그것을 이루기 위해 매일매일 충실하게 사는 것이 내 삶에 쌓여 있는 쓰레기를 치우는 하나의 좋은 방법임을 나는 알고 있습니다.

그래서 나는 행동하려 합니다. 진실로 내게 중요한 일과 해야 할 일, 하고 싶은 일을 정리해서 우선순위를 정하여 선택과 집중하며 낭비하는 시간을 줄이고 중요한 일에 시간을 사용하는 것입니다.

핵심 감정

진정한 자유란 내가 누구인지 깨닫고 나 스스로 선택한 책임을 100% 온전히 감당하는 것입니다. 그렇지 않을 때 나의 자유는 제한될 것입니다. 자유는 통제하는 것이 아니라 느끼고 누리는 것이라 생각합니다. 내 의식이 명료하고 지금 여기에서 알아차림하고 있을 때, 그 순간에 내 의지대로 자유로이 내가 나의 행동을 선택하고 행동하게 될 때 나의 자유는 더 크게 키가 클 것입니다.

나는 내가 깨어있다고 생각될 때 스스로 결정을 내리고, 내게 그것과 관련된 능력이 있다고 느낄 때나 준비가 되었다고 느낄 때 스스로 결정을 내립니다. 내 능력이 일을 수행하기에 부족하다고 느낄 때에는 타인들의 결정을 따라가거나 맡기는 경우가 많습니다. 그리고 깨어있지 못하고 다른 생각이나 감정에 압도되어 있을 때 외부에서 들어오는 통제를 허용합니다.

　태어날 때부터 나는 수많은 감정들의 수초 속을 떠 다녔습니다. 기쁨, 즐거움, 부끄러움, 수치심, 미안함, 사랑, 감사, 충만함, 슬픔, 화, 고통, 후회, 두려움, 걱정, 편안함, 일련의 이러한 감정들은 정도의 차이는 있지만 지금도 여전히 나의 어느 부분을 차지하고 있습니다. 그러나 점점 그 감정들에게 압도당하는 강도는 줄어들고 있습니다. 특히 이런 감정들 가운데 내게 가장 중요하게 작동하고 있는 감정은 Significant Emotional Experience (SEE) 핵심 감정입니다. 나는 이것들을 통하여 배우고 성장하고 있습니다.

　감사

　내게 이미 많은 것들이 주어졌고 그것들은 내 힘으로 얻은 것이라기보다는 주어진 것들이 많습니다. 지금 이 순간에도 수많은 것들이 내게 선물처럼 주어지고 있는데 그것을 알아차리고 감사하는 삶을 살고 싶습니다.

두려움

두려움은 실재하는 것이 아니라 내가 마음속에서 지어낸 하나의 감정과 생각입니다. 그 두려움이 현실화된 적은 거의 없습니다. 단지 그렇게 느꼈을 뿐입니다. 그러므로 두려움에 압도되어 자신을 속박하거나 왜곡된 인상을 갖지 말고, 현실을 직시하고 지금 내가 할 수 있는 것에 최선을 다합니다. 그 나머지는 신께서 이루어 주실 것입니다. 걱정하지 마라. 스스로에게 말합니다.

기쁨

기쁨도 선택입니다. 지금 기쁘기를 결정하면 기쁜 삶이 됩니다. 그리고 삶의 매 순간 곳곳에 기쁨이 있습니다. 그것을 알아차리고 음미하는 삶이 행복한 삶입니다.

나의 핵심 가치(Core Value) 찾기

나는 어렸을 때부터 '감사'를 배웠습니다. 밥을 차려준 엄마에게, 용돈을 주시고 학비를 대어준 부모님께 끝없는 감사를 마음속으로 되뇌며 살아왔습니다. 그 감사를 아는 마음은 신이 내게 준 선물입니다. 나는 감사를 통해 더 많은 감사거리를 만들며 감사의 영역을 넓혀 왔습니다. 그것은 결국 내 삶의 질을 바꾸어 주었습니다.

  어렸을 때 나는 진정성이 있고 끈기가 있으며 남을 이해할 줄 아는 희생정신 즉, 이타심을 가진 사람들을 존경했습니다. 나는 부정직하고 이기적인 사람을 무척이나 싫어했습니다. 그들과 함께 하는 일은 참 나를 힘들게 하였습니다. 그러나 그것은 반면교사가 되어 나를 성장시켜 주었습니다. 그리고 보면 우리 주변의 모든 사람들은 나에게 스승이 되어줌을 깨닫게 됩니다. 나의 부모님은 근면 성실하시고 다른 분들과 나누는 것을 좋아하셨습니다. 그러나 나의 의견을 들어주고 수용해 주시기보다는 일방적으로 자신의 의견에 따를 것을 주장하셨습니다. 경제적으로 그렇게 넉넉한 환경이 아니었기 때문에 풍요로운 삶에 대한 갈망이 늘 있었습니다. 다행스럽게도 나는 좋은 스승님을 만났습니다. 선생님은 나를 격려해 주셨고, 나의 존재를 발견하게 해 준 고마운 분이십니다. 그러한 자각을 통해 나는 바르게 성장할 수 있었습니다. 그러한 존재 자각을 통해 나의 어린 시절은 나답게 자유롭게 살고 싶어 하는 지금의 나를 만들어준 것 같습니다. 긴 시간 동안 나는 나를 알기 위한 여행을 지금까지 해 오고 있는 것입니다.

성장하고 있는 나

　지금도 내 생각 속에 가장 자리를 크게 차지하고 있는 단어가 '성장'이라는 단어입니다. 이것은 어린 시절에 받은 선생님의 영향이 원인임을 압니다. 인생의 의미를 찾고, 더 나은 존재로 지속적으로 성장, 상승해 나가서 궁극적으로 나를 초월하는 것이라 믿고 있는 것도 그 때문일 것입니다. 내가 지금 전문 코치로 살아가는 것도 성장을 지속해 나가기 위한 하나의 방법이라는 생각이 듭니다. 더 나아가 나의 성장만을 바라는 것이 아니라 타인들과 함께 성장하고 싶은 것도 그에서 연유한 것이라 생각합니다. 나는 늘 사람들 관계에서 '역지사지'를 생각합니다. 입장을 바꿔서 생각하는 마음이 제 안에서 자동적으로 작동하는 것이 발견될 때 기쁨이 있습니다. 남을 배려하는 마음, 즉 성숙한 자아를 발견하는 희열이라고나 할까요?

　나는 나와의 관계 속에서 살아가는 사람들이 초월과 상승이라는 영적인 경험을 하기를 원합니다. 한 차원 높은 영적 고양의 경지에 올라 함께 그 기쁨을 누리고 싶은 소망이 늘 제 안에서 꿈틀댑니다. 그러나 한편에서는 제 몸이 신호를 보내고 있습니다. 이제 성장을 멈추고 좀 평안하게 쉬는 건

어떻겠니? 물어오는 것 같습니다. 이제 긴장을 풀고 몸의 소리에도 귀를 기울 때가 된 것 같습니다.

    요즘에 와서 제가 존경하는 사람은 열정적이고 지혜롭고 자신의 일에 대해 꾸준히 성장하고 발전하는 사람입니다. 그래서 제가 전문 코치로서 일하는 것을 좋아하는 것 같습니다. 다른 사람을 위해 기여하고 성장하는 데 도움을 주는 것에 기쁨을 느끼는 것도 그러한 사람들의 영향이 있음을 고백합니다.

    나는 앞으로 어제보다 나은 나로 성장하고 싶습니다. 그것이 나를 행복하게 해 줄 것이라 믿기 때문입니다. 성실하고 꾸준히 자신의 분야에서 일과를 이루어 가는 것, 그것이 제가 바라는, 저를 행복하게 해 주는 삶의 가치입니다.

    타인을 좀 더 깊이 이해하고, 삶에 대한 깊이 있는 통찰력을 가지고 함께 일하는 사람들 사이에서 갈등 없이 살아가는 것, 그것이 제가 추구하는 요즘 저의 가치 기준입니다.

나의 자녀

나의 장례식을 말합니다

먼 미래에나 일어날 일처럼 그 말을 입 밖에 내는 일은 금지된 일처럼 생각했던 것 같습니다. 언젠가는 반드시 맞닥뜨릴 일이지만 내게서는 일어나지 않을 수도 있는 일처럼 소망하면서 살아온 것 같습니다. 뒤로 미루어둔 일이 훅 내 앞에 던져진 느낌으로 이 질문을 받아 듭니다.

나의 장례식이 열리는 날을 나는 볼 수 없겠지만 미리 생각해 보는 것도 나쁘지는 않을 것 같습니다. 정작 나의 장례식은 내가 주인이 되어 이렇게 해 달라 저렇게 해달라 계획할 수는 없지만 지금부터 그 언젠가 다가올지 모를 그날을 미리 준비하며 마음으로 그날을 준비해야 하지 않을까 라는 마음을 갖게 됩니다.

우선 그날 참석할 사람들을 생각합니다. 친구들은 나를 어떻게 기억할까 궁금합니다. 바라는 것이 있다면 친구들은 나에게 감사하는 마음을 가져주었으면 좋겠습니다. 내가 그들의 친구여서 고마웠노라는 말을 가장 듣고 싶습니다. 나와 함께 했던 모든 동료들로부터도 감사의 말을 듣고 싶습니다.

내가 없는 세상에서 만일 나의 일생을 영화로 만들겠다는 갸륵한 고마운 어떤 분이 계시다면 그 주제는 '성장'이 되었으면 좋겠습니다. 또 나에 관한 노래를 만들어 주시겠다면 그 주제는 기쁨이 되었으면 더 없이 좋겠습니다. 나의 비문에는 '함께 성장하고 나누며 기쁘게 살다간 사람'으로 기록되었으면 좋겠습니다.

그러나 누군가 나를 비열하고 진정성이 없는 사람이라고 기억한다면 하늘나라에서도 슬플 것 같습니다.

앞으로 나는 한 사람의 철학적 구루로서 인류의 영적 성장을 위해 공헌하고 싶습니다. 영향력 있는 리더가 되어 함께 지속적인 성장과 우리나라의 진화를 위해 노력하고 싶습니다. 10년 후, 20년이 지난 후 나의 자녀가 나를 기억할 때 기쁨과 감사를 느꼈으면 좋겠습니다. 이기적인 사람, 자기만 아는 사람이었다는 후회와 회한에 사로잡히지 않기를 원합니다.

나의 자녀가 늘 기쁨과 감사를 누리고 수용하고 누군가의 삶을 성장시키는 일에 기여하는 사람이 되기를 원합니다.

나의 삶의 패턴 깨닫기

나를 점검해 봅니다. 나쁜 습관들이 나의 뒷목을 붙잡습니다. 어떤 일을 즉시 하지 않고 미루는 모습이 있습니다.

나의 흥미를 끌지 않는 해야만 하는 일의 경우 즉시 하지 않고 마지막까지 미루는 경우가 있습니다.

나는 가끔 게으름도 피웁니다. 몸이 피곤하거나 긴급성이 없을 때 몸과 마음이 늘어져 생산적이지 않게 TV를 보면서 빈둥거릴 때가 있습니다. 나답지 않은 모습입니다. 사색적이고 명상적인 삶을 살고자 하는 나에게는 아주 좋지 않은 버릇 중의 하나입니다.

어떤 일을 진행할 때 혼자서 묵묵히 내가 해야 할 일을 해나갈 때 나는 나다움을 느낍니다. 누가 보든지 안 보든지 내가 해야 할 일 또는 그 조직을 위해 필요한 일이라고 판단되는 일은 스스로 알아서 진행합니다. 그럴 때 나는 스스로에게 매료당하기도 합니다. 진정성과 성실, 책임감이 나를 이끌고 있음을 느끼기 때문입니다.

그러나 나에게도 좋지 못한 버릇이 있습니다. 이것은 종종 나에게 실패감을 맛보게 하는 호된 인생의 채찍이기도 합니다. 호기심 때문에 여러 가지 일을 동시에 벌이다 보니 전문성을 갖지 못하는 경우도 생깁니다. 코칭의 경우에도 다양한 코칭 방법론이나 스킬을 배우려는 욕망은 강한데 그 중 어떤 분야에서도 전문성을 갖고 있지 못합니다. 다양한 분야에 관심을 쏟다 보니 깊이가 깊지 못함을 깨닫습니다. 이 점은 일생 저의 삶에서 제가 뛰어넘어야 할 큰 핸디캡으로 작동하고 있습니다. 제가 감당해야 할 일과 과제를 마지막까지 미루지 말고 즉각적으로 해내는 습관을 길어야 함을 스스로에게 주문합니다.

후회하지 않기 위한 결정

나를 점검합니다 - 전공 선택과 직업

저는 대학에서 법학과를 들어갔습니다. 그러나 적성에 맞지 않아 대학을 그만두고 재수를 하여 다시 경제학과에 들어갔습니다. 다분히 현실적인 판단에 의해서였습니다. 경제적 사정과 향후 취업 등이 선택의 기준이 된 셈입니다. 저의 적성은 심리학과에 있었고 관심도 그 부분이었음을 알았지만 현실적인 여건을 극복하지 못했던 것입니다. 이 점이 두고두고 후회하는 부분입니다. 그때 경제학과가 아닌 심리학과를 선택했더라면 지금의 제 모습은 어떤 모습일까 생각해 보기도 합니다.

또 한 가지 저를 후회하게 하는 것은 안정적이고 인정받던 직장인 은행을 그만두고 호기심 때문에 벤처기업으로 이직한 것입니다.

제대로 준비 없이 회사를 그만두고 코칭으로 전업하기로 결정한 것이 아쉽습니다. 연착륙을 위해 근무하면서 코칭을 준비하고, 준비가 완료되었을 때 전직하였더라면 여러 면에서 좋았을 텐데 하는 아쉬움이 남아 있습니다. 그러나 이러한 실수를 통하여 중요한 교훈을 얻었으니 다행으로 여깁니다. 중요한 결정의 경우 혼자 충분히 생각하는 것도 중요하지만 신뢰할 수 있는 사람들의 조언을 참고하는 것도 필요하다는 것을 느낍니다. 중요할수록 서둘지 말고 즉흥적으로 결정하지 말고 집중하여 생각하고 결정해야겠습니다. 하나씩 선택과 집중을 통해 깊이를 더 해야겠습니다.

돌아보니 다행히 제 인생에는 남들이 시켜서 한 결정은 별로 없는 것 같습니다.

대부분의 일들이 나의 판단과 결정에 의해 이루어졌는데, 일부 결정은 타인의 감언이설에 부화뇌동하여 판단이 흐려져 현명하지 못한 결정을 한 경우가 있기는 하지만 그 또한 나의 선택이었기 때문에 내 책임으로 받아들였습니다. 그러나 눈에 뻔히 보이는 이익은 진짜 이익이 아님을 알아차리지 못한 것이 후회되기도 합니다.

이러한 결정들로 인해 한동안 심리적 압박으로 삶의 균형을 잃었고 일부 관계가 훼손되었습니다. 눈앞의 이익을 쫓지 말고 길게 보고 내가 추구하는 가치와 일치된 결정을 하는 것이 필요하다는 것을 깨달았습니다. 삶의 흐름에 그냥 편승하지 말고 내 흐름이 무엇인지 인식하고 그것에 맞는 흐름을 타라는 것을 배웠습니다.

또 살아오면서 후회하는 한 가지는 일어나지 않을 일을 미리 걱정하느라 현재에 충실하지 못했고, 그래서 제대로 미래를 대비하면서 현재에 집중하지 못했다는 것입니다. 그러나 이 일을 통하여 걱정 대신 현재를 충실히 살 것을 배웠습니다. 부정적인 생각에 압도되어 이성적이지 않게 반응하지 말고 객관적으로 미래를 바라보면서 계획을 세우고 차근

차근 실행해 나가다 보면 현재가 보람되고 그것이 미래의 안정과 연결된다고 생각합니다. 현재에 충실하되 삶의 의도나 사명과 연결시켜 행동해야겠습니다. 따라서 사명, 의도 등에 대한 고민과 확인 작업이 필요하고 설령 모두 이행되지는 않더라도 그것을 근거로 한 비전, 장단기 목표와 계획 수립이 필요함을 느낍니다.

작은 실수와 교훈

학창시절 학교에서 우연히 만난 청년이 부산 집에 내려갈 교통비가 없다며 도와 달라는 요청을 받았습니다. 한편으론 측은지심으로 다른 한편으론 공명심과 허영으로 친구들에게 돈을 빌려서 당시 큰 금액의 돈을 빌려주었고 결국은 돌려받지 못했습니다. 이를 통해 내 능력 안에서 감당할 수 있을 정도의 결정과 행동을 하는 것이 필요하고, 내 행동의 실제 동기가 무엇인지를 알아차리는 지혜가 필요함을 배웠습니다. 에고의 속삭임에 따르지 말고 순수의식의 소리를 들을 수 있는 평정함과 알아차림을 개발해 나아가야겠습니다.

피해자 탈출

타인의 꾐에 빠져서 잘못된 결정을 내림으로써 감정적, 이성적으로 피해자라고 느끼며 힘든 시간을 보낸 적이 있습니다.

나는 젊은 시절 한때 타인이 조직의 어려움을 극복하기 위한 방법으로 내가 나서 줄 것을 요청했을 때 에고가 공명심의 이름으로 나서서 한동안 그 일이 해결될 때까지 정신적, 경제적으로 힘든 시간을 보낸 적이 있습니다. 할 수 있고 해야만 하는 것과 그렇지 않은 것을 분별하는 분별심 없이 내가 해야 하고, 나만이 할 수 있다는 영적 허영이나 공명심이 판단을 흐리게 하고 그 결과 나중엔 그 타인을 비난하게 되는 결과를 초래했던 썩 유쾌하지 못한 경험을 가지고 있습니다. 그 결과 사람도 잃고 몸도 마음도 지친 시간을 견뎌야 했습니다.

내가 경험하는 모든 것은 결국 나의 일부임을 인정하고 나는 이러한 피해의식에서 벗어나기 위해 무던히 애썼습니다.

의식적이고 영적인 성장을 통해 내 앞에 벌어지는 일들

이 내 영적 성장의 어떤 측면을 지지하기 위함인지를 깨달을 때 그것이 후회나 피해자 코스프레 대신 성장으로 이끌고 그것만이 같은 실수를 반복하지 않게 할 것임을 자각하는 데는 한참의 시간이 지난 후였습니다. 영적인 성장을 위한 여러 활동들을 (예를 들면, 기도, 명상, 독서, 공부, 알게 된 것을 타인에게 알려줌으로써 타인의 성장을 지원 등) 꾸준히 진행하여 의식 수준을 높여 나가는 것이 필요하다는 교훈을 얻었습니다.

"Until you make the unconscious conscious, it will direct your life and you will call it fate."

"네가 무의식을 의식하게 할 때까지, 그것은 네 삶을 지시할 것이고 그것을 운명이라고 부를 것이다."

-칼 융

고통의 교훈

한 집안의 가장으로서, 장남으로서, 맏사위로서 가족에 대한 책임감을 느끼며 가족들 간의 화합과 안정을 위해 마음 써 왔습니다. 또한 한 사람의 개인으로서 나에게 주어진 삶을 좀 더 잘 살아 내기 위해 다니던 대학을 중도에 그만두고 다른 도전을 해서 당시 원하던 전공을 공부하러 대학에 다시 들어갔습니다. 인정된 직장을 마다하고 호기심과 새로움을 찾아 여러 가지 도전을 하였고, 그 가운데 가족의 안정을 책임지기 위해 여러 가지 일을 하기도 하고, 멈추지 않고 계속 나가고 있습니다. 영어를 말하는 나라에 와 살고 있지만 영어는 아직도 많이 미숙합니다. 배울수록 더 어려워지는 것이 영어인 것 같습니다. 그러나 나는 도전을 멈출 수는 없습니다. 자라나는 자녀가 나를 보고 있기 때문입니다. 그것이 오히려 영어가 익숙하지 않음에도 불구하고 호주대학에서 심리학 학부 과정과 코칭심리학 석사 과정을 마칠 수 있었던 원동력이 되었습니다.

궁극적으론 삶의 의미와 목적을 찾아 꾸준히 여러 공부와 수행을 하며 앎을 향해 나아가고 있으며, 영적인 성장을 위해 노력하고 있습니다. 그 과정에서 연결된 사람들에게 도움이 되기 위해 선한 의도를 가지고 대해 왔습니다.

나의 등을 두드려 줍니다

내가 해야 할 책임질 영역의 경우는 힘들더라도 내가 해야 할 부분이므로 불평하지 않고 할 수 있는 한 최대한 해내려 했습니다. 나는 힘들지만 타인이 보기엔 당연하거나 별 거 아닌 듯 보이는 부분은 나도 그런 것처럼 척하기를 통해 아무렇지 않은 척했습니다. 호주에서 대학, 대학원 과정을 공부할 때 영어로 무척 힘들었지만 수업에서 그런 티를 내지 않으려 노력했습니다.

심리학 학사와 코칭심리학 석사 과정을 공부할 때 영어의 제한으로 수업 내용을 다 못 알아듣고 과제 작성이나 시험 준비에도 상당히 애를 먹었습니다. 그래도 내가 선택한 공부이고 향후 코치로서 도움이 될 거란 기대와 성장과 성공을 위한 여정이란 생각에 버티고 버텼습니다. 그런데 한편으론 이런 생각이 나의 제한된 신념이라는 알아차림이 있었는데, 그것을 극복하는 데까지는 나아가지 못해 오히려 심리적으로 더 압박감이나 좌절감을 느끼기도 하였습니다. 이런 경험을 통해 내겐 당연해 보이는 것이 누군가에겐 상당한 어려움일 수 있다는 것을 깨달았고, 그래서 만나는 고객들을 더 진정성 있게 대하고 한편으론 측은지심으로 대할 수 있는 토양이 되었습니다. 그리고 멈추지 않고 버텼을 때 어쨌든 끝은 온다는 것을 다시 한 번 경험하였습니다.

고통을 통해 나는 그 어디에서도 얻지 못할 삶의 교훈을 얻었습니다. 그것은 지금을 버티게 하는 힘이 되었으며, 버티면 언젠가는 끝이 난다는 것을 경험하였습니다. 또한 에고의 공명심인지 순수의식이 원하는 일인지 구분할 수 있는 지혜를 갖추어야 함도 깨달았습니다. 인생은 혼자 살아가는 길이 아니기 때문에 신뢰할 수 있는 조력자를 찾고, 나와 다른 의견을 경청해야 한다는 삶의 지혜도 얻었습니다.

결국 과거의 모든 고통은 나를 성장시키기 위한 도구로 내게 왔고, 나의 성장을 도와줄 만큼의 한계만큼 주어진다는 것을 알게 되었습니다. 그 고통을 해결하거나 넘어설 때 그것이 다시 오지 않고 나는 성장하게 됩니다. 내 성장을 위해 악역을 자처하거나 힘들게 나를 대해준 인연에 감사하고자 합니다. 물론 모두가 완전히 감사로 전환된 건 아니고, 미움에서 감사의 영역을 확대해 나가고 있습니다.

기회와 가능성

누군가 기회는 민머리를 가지고 있다고 말했습니다. 아무리 잡으려 해도 잡을 머리카락이 하나도 없는 것이 기회라고 말입니다. 그러나 기회에게도 아킬레스건이 있습니다.

바로 인내라는 괴물입니다. 인내 앞에서 기회도 꼬리를 내릴 수밖에 없는 것이지요. 포기하지 않고 인내하며 나아가면 어떤 형태이건 결실을 얻게 됩니다. 인내의 고통이 큰 만큼 그 결실의 값어치도 큽니다. 다만, 무조건 인내하는 것이 아니라 인내 속에서 더 나은 방법을 찾고, 조언을 구하며 개선해 나갈 때, 그리고 누군가와 함께 할 때 그 인내의 시간은 짧아질 것이고 더 나은 결과를 얻을 수 있을 것입니다. 나는 호기심이 참 많은 사람입니다. 어른이 된 지금도 이것저것 새로운 것들에 마음을 빼앗기고 있습니다. 그러나 이제 하고 싶거나 배우고 싶은 호기심의 욕망을 참고 지금 내가 집중해야 할 일에(코칭, 영어) 집중하며 그 결실이 나올 때까지 인내하고자 하는 것입니다.

그것이 내 소명이라고 느끼기 때문이며, 이번 생에서 나의 영적인 성장을 위한 길이기 때문에 내게 오는 고난이나 어려움도 그 성장을 위해 거쳐야 할 관문이라고 여깁니다. 그리고 그런 여정이 나의 성장뿐만 아니라 나와 함께하는, 또는 나를 아는 사람들에게도 영감을 줄 수 있을 것이고 이런 여정을 통해 세상이 밝아지는 데 기여하고 싶기 때문입니다.

나의 소명, 탁월성, 인생 목적, 기여할 수 있는 방편, 삶은 풍요롭고 기쁨으로 충만하다는 것을 알게 되었기 때문입니다.

삶은 아직도 나에게 기회를 열어두고 있는 듯합니다. 여러 경험을 통해 영적인 성장을 해 나갈 수 있는 기회를 주고 있습니다. 상승과 초월의 기회가 있음을 다행으로 생각합니다.

코칭을 통해 고객들과 함께 성장해 나갈 수 있음과 영적인 수행을 통해 나의 성장뿐 아니라 고객의 성장에도 기여할 수 있음에 감사합니다.

이런 여정을 이해하고 함께해 주고 있는 가족들에게 감사하고 그들과 함께 배우고 성장해 나갈 기회를 갖고 있음에 감사합니다.

나는 감사합니다

과거의 실패한 경험들을 통해 나는 삶의 깊이를 더하게 되었습니다. 그것이 타인을 보다 깊이 있고 진실되게 이해하려는 마음을 갖도록 인도해 주고 있습니다. 그런 배움을 내게 연결되는 분들과 나누고 보다 온전한 삶을 살아가도록 노력하고 있습니다. 이런 여정의 기회를 주신 신께 감사드립니다.

보다 진정성 있고 깊이 있게 코칭과 강의를 진행하고, 함께 성장을 위해 고객과의 만남을 이어 가겠습니다. 그래서 더 나은 코칭을 위해 더 준비하고 고객을 만나겠습니다.

충분한 감사

잠잠히 내 안에 머물러 그동안 나를 여기까지 이끌어온 내 안의 나에게 감사의 말을 건네 봅니다. 그리고 언제나 묵묵히 나에게 등대가 되어주신 신께 무한히 감사하다 고백합니다. 여전히 나 여기 깨어있고, 아침을 충만한 기쁨으로 시작할 수 있어 감사합니다. 함께 일하는 협력자를 보내주시고 열정 있는 분들을 통하여 새로운 에너지를 얻게 하시니 감사하지 않을 수 없습니다. 나도 누군가에게 감사거리가 되어 주고 싶습니다. 특히 나의 사랑하는 아내, 아들, 그리고 부모님께 감사합니다.

바람이 있다면 가장으로서 가족들의 안전과 행복을 위해 열심히 사는 것입니다. 그리고 한 사람의 독립된 존재로서 온전히 서고 감사하며 살아가는 것입니다.

그리고 감사한 사람들에게 베풀어주신 감사의 마음을 표현하며 내가 만나는 다른 분들에게도 흘러 보내며 살고 싶습니다. 친절한 말과 행동, 따뜻한 미소로 그들의 마음을 위로하는 사람이 되고 싶습니다.

고마운 그분들이 존재했기에 지금의 저가 있습니다. 저는 그분들 덕분에 더 나은 존재로 성장할 기회를 얻었고, 여러 가지 경험을 할 수 있었으며 타인의 삶도 이해하게 되었습니다. 앞으로 계속 저는 그 지지해주시는 힘으로 성장하고 더 나은 삶을 살아가게 될 것입니다.

또한 코치로서 성장해 가며 더 많이 더 탁월하게 사람들을 도울 수 있을 것입니다. 점점 더 영적, 물적인 풍요로움을 경험해 나갈 것이며 더 많은 코칭의 기회가 주어지고 있음에 감사합니다.

저는 만나는 사람들이 자신의 온전함과 가능성을 알아차리고 나아갈 수 있도록 도움을 주고 싶습니다. 더 세심히 준비하고 마음을 다해 코칭과 강의를 진행하는 것이 그분들을 돕는 것이라 생각합니다. 도움이 필요한 분들께 기꺼이 내가 할 수 있는 도움을 주는 것 말입니다.

  그래서 오늘 당장 코칭에 더 세심히 준비해서 고객을 만날 것입니다. 이를 위해 코칭 관련 나의 장단점 등을 정리하고 적용하여 코치로서 성장해 가는 일에 매진해 나갈 것입니다.

빛나는 나

  나에게는 다른 사람이 갖고 있지 않은 독특한 점이 있습니다. 많은 분야에 상당한 호기심을 가지고 있고 실제 그것을 충족시키기 위해 다양한 경험을 시도한 경험을 가지고 있습니다. 삶에 대한 이상적인 성향으로 긍정적인 삶의 태도를 지키고 경험하려 시도해 왔습니다. 또한 종교를 초월하여 영적인 성취나 성장을 삶의 주요 목표로 하고 있습니다.

  나의 이러한 성장은 다른 사람들을 도와줄 수 있는 무기와 도구가 될 것입니다. 현실적인 제약을 벗어나 보다 높은 세계에 대한 가능성을 엿보고 삶을 바라보는 관점을 넓히고자 하는 의도를 가지고 타인들의 삶에 선한 영향력을 주고 그들의 성장을 도울 수 있기를 기대합니다. 두려움보다는 가능성과 사랑에 기반한 사고로 사람들에 대해, 삶에 대해 접근할 수 있을 것입니다.

또한 남들이 가지고 있지 않은 나의 독특함은 소중하고 자랑스럽기보다는 이것이 내가 알고 있고 내가 추구하는 삶의 모습이기 때문에 의미가 있다는 것을 압니다. 궁극적으로 이번 생에서 내가 원하는 것이기 때문에 이런 삶의 방향을 선택하고 실천하려고 노력하고 있습니다.

어린 시절에 나는 부모님이 기대하는 착한 아들로서 살았습니다. 결혼한 지금은 아내가 기대하는 자상한 남편의 모습으로 살려고 노력합니다. 대외적으로는 전문 코치로서 내가 원하는 방향으로 가고 있기는 하지만 한편으론 타인이 기대하는 모습을 의식하며 그것에도 부응하려 하면서 살아가고 있습니다.

그러다 보니 나의 나다움을 잃어버리고 타인에게 안성맞춤이 되어가는 나를 보게 됩니다. 그런 나의 모습이 보일 때 나는 다시 돌아와 나다움에 대해 고민하게 됩니다.

나다움이 무엇인지에 대한 각성은 어떤 특별한 계기와 실천이 필요한 것을 알게 되었습니다. 이 삶을 통한 나의 사명이나 소명을 깨닫게 되면 나다움의 삶으로 자연스레 인도되는 경험을 하였습니다. 따라서 타인들도 그런 경험을 통해 나다운 삶으로 나아가도록 도와주고 싶은 마음이 생겼습니다. 코치로서 고객들이 진정으로 어떤 삶을 살고 싶은지에 대해 자각하는 순간을 함께 할 수 있기를 간절히 원합니다.

나는 전문 코치로 영성 구루로 다시 태어나기를 원합니다. 위대한 코치로서 측은지심의 마음으로 고객을 대하고, 코치로서 필요한 탁월한 역량으로 고객의 필요를 충족시키며 성장을 후원할 수 있는 코치가 되길 기대합니다. 그리고 코치다운 모습으로 꾸준히 성장, 성숙해 나가는 삶을 실천하는 코치의 모습을 보이며 그 안에서 기쁨이 충만한 삶을 누리는 나를 실현해 나가고자 합니다.

나의 브랜드 사진

다른 사람이 볼 때는 일이라고 할 수 있는 일들이 나에겐 잠자고 있는 열정을 깨워주는 놀이가 일이 되기도 합니다. 코칭이나 점성학, 강의 등이 그것입니다. 특히 코칭과 강의를 할 때면 내 안에 잠자고 있는 나의 야성과 열정이 깨어남을 느낍니다. 그래서 나는 이것들을 무기로 삼아 다른 사람을 돕고자 합니다. 그러기 위해서는 나의 야성은 좀 더 전문적으로 길들일 필요가 있다고 느낍니다.

먼저 내 강점이 무엇인지를 파악하고 그것을 살릴 수 있도록 평소 공부와 수행이 필요하다고 생각합니다. 그 강점이 언제 어디에 필요한지를 알기 위해 사회와 만나는 사람들의 필요를 파악할 필요를 느낍니다.

이러한 과정에서 내가 특히 주의할 것은 그 강점은 단지 내 강점일 뿐이고 타인의 필요를 후원하기 위한 필요한 도구이지 그것으로 내 것을 상대에게 밀어 넣으려고 해서는 안 된다는 것입니다. 나와 타인의 경계를 인지하며 그 경계 안에서 나의 강점을 통해 후원하는 시도가 필요하다고 생각합니다.

내가 가지고 있는 영적 독특함을 가지고 자신의 삶의 의미와 목적을 알지 못해 방황하며 살고 있는 사람들에게 그것들을 알 수 있도록 함께 찾아주고, 그 앎을 통해 삶을 더 열정적으로 기쁘게 살 수 있도록 함께 하는 일을 할 때 더욱 드러날 것입니다. 나는 또한 조직의 리더들이 자신의 사명을 깨닫고 함께하는 구성원들에게 선한 영향력을 통해 활기찬 조직을 이끌고 구성원들도 자신의 일과 직무에 의미와 책임감을 가질 수 있도록 인도해 줄 때 나의 브랜드는 배가 될 것입니다.

물질문명이 극도로 발달한 이 시대에 관계의 단절이나 소통의 어려움을 겪고 있는 사람들에게 방법과 가능성을 발견하게 하여 원활한 관계 속에서 살아가도록 돕는 것을 통해 유익을 줄 수 있을 것입니다.

가만히 눈을 감고 나 자신의 성공 브랜드 사진을 상상해 보면 사람들 앞에 편안하게 앉아 삶의 지혜와 경험을 나누고 그들에게 인사이트를 주고 있는 나의 모습이 보입니다. 함께 한 분들에게 집중하며 그들의 이야기에 귀 기울이고 내 마음에서 올라오는 지혜와 질문으로 대화를 나누며 삶의 의미와 목적에 대해 나누는 모습입니다. 그 대화를 통해 서로 기쁨을 느끼고 성장하고 있음을 알게 됩니다.

이런 마음이 들 때 나는 나와 가족, 그리고 고객/직장을 위해 뭔가 하고 싶어집니다.

그래서 지금 진행하고 있는 코칭 관련 공부와 기존에 공부했던 내용들의 정리를 통해 한 단계 더 나아간 고객이 진짜로 하고 싶고 말하고 싶었던 대화를 나누는 코칭을 수행합니다. 코칭대회를 통해 고객이 그간 경험하기 어려웠던 관계 경험을 통해 자신을 치유하고 회복하며 자신의 존엄성을 회복하게 됩니다. 삶이 더 충만하게 됩니다.

  그리고 계획했던 강의안 작성을 통해 사람들에게 인사이트를 주는 강의를 진행합니다. 그 강의를 통해 참가자들은 자신이 얼마나 소중한 존재인지 또 함께 하는 사람들이 얼마나 귀한 존재들인지를 깨닫고 삶의 충만함을 느끼며 그 알아차림을 삶 속에서 실천하게 될 것입니다.

전문코치로서의 나

  나는 코칭을 전문으로 하는 전문 코치입니다. 나의 삶의 의미와 목적을 깨닫고 더 나은 존재로 성장, 상승, 초월해 가려는 존재입니다. 동시에 나의 성장을 통해 함께하는 분들의 성장에 기여하고 싶은 코치입니다.

  그래서 나는 성장하기를 원합니다. 내 자신이 더 나은 삶을 살기 위해 노력합니다.

  코치다운 삶을 실천해 가며 코칭 장면에서 뿐만 아니라

삶 속에서 코칭을 실현해 가는 코치가 되기를 원하고, 만나는 고객들이 코칭대화와 관계를 통해 효율적으로 삶에 대처하여 코칭의 효과를 체험하게 하는 코치가 되기를 원합니다. 고객의 맑은 거울이 되어 주는 코치, 슈퍼바이저 코치로서 코치들의 성장에 기여하는 코치이고 싶습니다.

  나는 전문지식과 수행이 조화를 이루어 말보다는 에너지를 통해 고객과 함께하며 매 코칭세션에서 고객이 스스로의 열정과 알아차림을 불러일으키도록 함께 하는 코치를 지향합니다. 전문가로서 코칭의 효과성을 담보하여 이를 기반으로 경제적으로도 충만한 성취를 이루어 코치들에게 희망이 되는 코치가 되고 싶기도 합니다.
  그것이 진정한 나를 탐색하는 일이기도 하다는 것을 나는 압니다.
  나의 성공적인 삶의 모습을 정리해 봄으로써 더 열정적으로 코칭을 준비하고 함께하고 즐기며 기쁘게 성장해 나가길 나는 나에게 기대합니다.

사회문화와 나

사회적 문화적 환경이 다른 지역에 거주하며 살아가는 소수민족 이민자로서의 나는 타국 안에서 한국인의 생활방식을 고수하며 살고 있는 한국인이며 현지 문화에 완전히 동화되지 못하고 어중간한 모습으로 살아가는 나는 여전히 이방인입니다.

지금 이 자리에서 내가 바라는 것은 가족과 무탈하게 내가 하고 싶은 일에 집중하며 사는 것입니다. 온전한 나로서 중심을 잡고 가야 할 방향으로 가고 있다고 느낄 때 나는 진정한 행복을 느낍니다.

타 문화권에서 살아가는 일은 쉽지 않지만, 자신이 태어난 나라에서 살아가는 사람보다 다양한 경험을 할 수 있는 것은 분명합니다.

특히 다양한 문화가 공존하는 문화 속에서 소수민족의 일원으로 살아가는 것은 다양한 문화를 접할 수 있어 다양성을 받아들일 수 있어서, 그 결과 유연성이 증대되었음을 느낍니다. 하지만 주류문화에 온전히 젖지 못하고 한국인의 생활방식을 그대로 고수하며 이방인으로 살아가면서 한국에 있는 가족과 친구들을 그리워하며 외로움도 많이 경험합니다.

이곳에서 이민자라는 꼬리표를 달고 살면서, 내겐 너무나 당연하고 자연스런 일이 타인에겐 그렇지 않을 수 있다는 것을 삶을 통해 새삼 경험하고 알아차리게 됩니다. 언어적으로 문화적으로 아직도 낯설고 어려운 부분들에 하나씩 적응해 가며 살아가고 있는데 이런 것 자체가 크고 작은 노력을 수반하는 과정이고, 그 과정 속에서 다양한 배움의 순간들이 있습니다. 그 배움이 나를 더 성장시키는 촉진제가 되고 있음을 느낍니다.

이런 경험을 통해 한국에 있는 타국의 이민자들의 어려움과 외로움을 더 잘 이해할 수 있게 되었고, 사회적 약자에 대한 공감과 이해가 더 많아졌습니다. 그 결과 측은지심이 증가하여 나와 연결되는 고객들의 어려움과 열정에 대해 마음으로 더 연결됨을 느끼게 되고, 진정성을 가지고 고객을 대하게 됩니다. 그래서 워킹홀리데이로 또는 공부를 위해 유학생으로 이곳에 와 있는 청년들의 어려움에 관심을 갖게 되었습니다. 무료 코칭과 강의를 통해 후원하는 활동을 진행하곤 했었습니다. 또한 영어의 어려움으로 고립된 일을 하며 사회적 연결의 단절을 경험하고 있는 많은 남성들이 이곳에 있음을 알게 되어, 그들을 위해 기여할 수 있는 길을 모색하고 있습니다.

다시 나로 섭니다

그동안 나를 탐색하는 과정을 거치면서 나란 과연 누구인가? 스스로 묻고 답하는 시간을 가져 보았습니다. 멋진 나도 있지만, 아직도 가야 할 길이 먼 나의 모습도 보입니다. 그러나 나는 여전히 나이고 삶을 탐구하는 자이고, 타인과 함께 성장을 꿈꾸는 영적인 구루를 지향하는 존재입니다. 상승과 초월을 경험하면서 진정성 있게 코칭을 통해 연결되는 분들과 함께 존재로서 성장해 나가길 바라는 코치입니다.

그간 짧지 않은 인생을 살아오면서 숱한 어려움과 기쁨의 순간들을 경험하였고 진실한 삶을 살려고 노력하였습니다. 그러다 영성과 코칭이라는 새로운 세계를 만나 나를 더 깊이 있게 탐구할 기회와 도구들을 갖게 되었습니다. 이를 통해 더 나은 존재로 성장하고 싶다는 열망과 그 성장을 코칭을 통해 나누고 싶고 그것을 바라보는 기쁨을 느끼고 싶다는 열정이 생겼습니다. 호기심이라는 끊기 어려운 유혹과 강점 덕분에 다양한 경험과 학습을 할 수 있었지만 이제는 그것들을 통합하여 보다 완성된 모습으로 성장, 성숙해 나가려 합니다. 또한 그것이 만나는 분들에게 더 큰 유익을 줄 수 있는 방법이 될 거라 기대해 봅니다. 그래서 코치로서 이번 생을 다하는 날까지 성장하고 그것을 나누면서 보다 밝고 따뜻한 세상을 만드는데 기여하고 싶습니다.

나에겐 아직도 가야 할 길이 멀리 뻗어 있음을 알고 그 길 위에서 어려움을 겪으며 힘들어 하고 있지만, 그 길이 가야 할 길임을 알고 있기에 상처 입은 여린 나를 북돋아 가며 그 길을 뚜벅뚜벅 걸어가고 있습니다. 내가 상처 입었기에 그 길에서 만나는 상처 입은 누군가를 알아볼 수 있고 측은지심으로 그들과 함께하려 합니다. 그리하여 결국엔 내 안에 있는 신성과 연결되고 그것이 온전히 발현되기를 바라는 존재로서 나아가고 싶습니다. 이런 삶을 허락해 주신 신과 부모님 그리고 이 여정에 함께하고 있는 아내와 아들에게 깊이 감사드립니다.

3부

파도 타는 발레리나

— 유혜정 코치의 글

나는 기댈 수 있는 언덕입니다.

- 유혜정 코치

나를 표현합니다.

나는 물입니다.
나는 넘실거리는 파도처럼 춤을 춥니다. 나는 흘러가서 어디라도 닿을 수 있습니다.
나는 수평선입니다.
하늘과 바다가 맞닿아 있는 것처럼 하나님의 마음과 내 마음이 한치의 빈틈 없이 닿아 있기를 소원합니다. 사람들의 마음이 연결되어 함께 흘러 갈 수 있기를 바랍니다. 빗물이 흘러 호수가 되고 강물이 되고 바다가 되듯이 나는 나를 그렇게 흘려보내고 싶습니다.
나는 사랑을 채우고 사랑을 다른 사람들과 나누고 싶은 사람입니다. 나는 특별히 사람들의 마음을 만나고 싶고, 사람을 보살피는 일에 관심이 많고 애정을 쏟고 있는 사람입니다. 그러나 나를 보살피는 일에는 소홀했습니다. 그래서 나는 지금 나를 찾고 싶고, 자유롭고 싶은 사람입니다. 내 마음에도 빛이 들어와 기쁨으로 물들이고 춤추게 하고 싶습니다. 나는 넘실거리는 파도를 넘나드는 suffer처럼 신나는 모험을 하려 합니다.

나는 _____.

칠삭둥이로 태어나서 호적에 늦게 올릴 정도로 생사를 오갔고 취학 전까지 많이 자주 아팠습니다. 어려서부터 나는 가족 중에 제일 착하다는 말을 많이 들었고 그것이 제 역할이었던 것 같습니다. 그렇게 시작된 나의 착한 아이 역할은 학교에서도 교회에서도 동아리 모임에서도 결혼 후에도 계속 되었습니다.

가정에서나 학교에서나 교회에서나 칭찬 많이 듣고 말 잘 듣는 순종적인 아이였습니다. 부모에게는 착한 딸, 남편에게는 좋은 아내, 자녀에게는 좋은 엄마이길 원했습니다. '착한'이라는 단어는 '내 옷'인 것처럼 매우 익숙했습니다.

나는 이방인입니다.
나는 새로운 환경에 적응해야 하는 이방인입니다.
낯선 이방인으로 새로운 곳에 대한 두려운 마음이 많았지만, 하나님의 예비하심과 인도 하심을 경험하는 아브라함이고 싶습니다. 마른 땅에도 물을 내시는 분이 오직 하나님이심을 믿고 기꺼이 우물을 내어주는 이삭이고 싶습니다.

나는 코치입니다.

나는 사람을 돕고 싶은 사람입니다. 나 자신이 코칭의 도구가 되어 사람들을 만나고 싶습니다. 사람들이 자신의 틀을 깨고 다르게 살 수 있기를 바랍니다. 사람의 마음을 세워서 그들이 원하는 대로 살아갈 수 있도록 새로운 시작을 돕는 일을 하고 싶습니다.

그것이 나를 또한 자유롭게 하는 일이며 나를 성장시키는 일이라고 생각합니다. 그런 나에게 코칭은 하나님께서 나에게 주신 선물이자 새로운 도구입니다. 나의 경험과 후회와 성찰과 배움이 명약이 되어 사람들의 치유와 새로움으로 변화되기를 바랍니다.

타인의 렌즈 속에서 나는 춤춥니다.

사람들은 저에게 하나님을 바라는 사람, 영혼을 생각하는 사람, 계속 도전하는 사람, 만만하게 느낄 만큼 편안한 사람, 열정이 있는 사람, 지혜로운 사람, 용기 있는 사람, 다른 사람의 마음을 잘 알아주는 사람, 가족이라는 말로 묶을 수 있는 사람, 어려울 때 손을 잡아준 사람, 터널을 빠져 나올 때까지 손을 놓지 않은 사람, 끊임없이 변화를 추구하는 사람, 친구 같은 엄마, 지혜로운 사람, 코치가 잘 어울리는 사람이라고 나를 말합니다.

  그러나 나는 외로움의 동굴 안에 갇혀서 슬픔을 삼키며 살고 있었습니다. 밝은 모습 뒤에는 슬픔이 함께 하고 있었습니다. 도전하면서도 두려움에 머뭇거렸고, 전진하면서도 뒷걸음치고 싶었습니다. 자유에 대한 갈망 앞에선 오히려 순종이라는 자물쇠를 채워 스스로를 가둬 놓은 것입니다.

  성취에 대한 기쁨과 책임에 대한 두려움이 겹쳐진 마음을 느끼며 "혹시 맞지 않은 옷을 입고 무대에 오른 배우는 아닐까?" 하는 생각이 올라왔습니다. 또한 다른 사람의 인생에 너무 깊이 개입되는 나를 느낄 때면, "나는 왜 이런 무리수를 두는 걸까?" "지나친 관심은 아닐까?" "나의 외로움이나 슬픔을 그들에게 동일시하는 건 아닐까?" 하는 수많은 질문들이 스쳤습니다.

  내가 보여준 것들이 자녀들이 자신의 삶을 사는데 무의식적으로 영향을 받고 있음을 인정하게 됩니다. 미안합니다. 좋은 모델링이 되어 주지 못한 것에 대해 아쉬움이 있습니다. 자녀에게 힘이 되고 버팀목이 되고픈 마음에 내밀고 싶은 게 많은데, 행여라도 지난날의 상처가 또다시 올라오게 될까 봐 겨우겨우 회복한 우리 사이가 흐트러질까 봐, 믿어

주지 못하는 모습으로 보일까 봐 두렵습니다. 이제라도 새로운 좋은 추억들을 많이 만들며 힘들 때 곁에서 안아주는 그런 사람이 되고 싶습니다.

반성이라는 질료로 나를 그립니다.

  나의 삶에서 받아들일 수 없는 한 가지는 사역에 잠깐의 공백조차 허용할 수 없음에 10년 동안 부모님을 찾아뵙지도 못하고 두 분의 임종을 지키지 못한 불효입니다. 그런 나를 용서하기 어렵습니다. 난 아직 슬픔도, 떠나보내지도 다 못했습니다. 여전히 아픔은 멈추지 않습니다. 아버지를 많이 존경합니다. 아버지를 많이 사랑합니다. 많이 그립습니다

  나에게 힘을 주는 것은 주님의 동행입니다 그리고 소중한 가족들입니다. 가족들이 나의 부족함과 연약함을 참아주고 견뎌줘서 지금의 내가 있습니다. 또한 사역, 코칭, 상담, 그리고 교육으로 만나는 소중한 사람들, 학생들이 함께해 주기에 나는 나일 수 있습니다.

  그러나 안타까운 것은 어쩔 때 나를 대하는 아이들의 반응 속에서 이전의 나를 발견할 때가 있습니다. 나는 엄마의

모습보다 사역자의 모습을 보여줬고, 아이들을 보호하고 채워주어야 할 대상이기보다 동역자로 버거운 요구를 해왔습니다.

두려움 넘어서기

내가 가장 두려워하는 것은 과거로의 회귀입니다. 다시 슬픔에 갇히는 것입니다. 과거에 묶인 생각들입니다. 집착들입니다. 상처들입니다. 내가 옳았다고 증명하고 싶은 마음입니다. 나의 희생을 보상받고 싶은 마음입니다. 내가 하나님께서 부르신 목적대로 나다움으로 살고 싶지만 과거에 받은 왜곡된 신념들과 집착들 때문에 자유롭게 표현하고 실천하기가 어렵습니다. 내가 나로 집중하는 삶을 살고 싶지만 내가 옳았다고 증명하고 보상받고 싶은 마음 때문에 자꾸 뒤를 향합니다.

또한 내 안에 흐르는 슬픔의 정서 때문인 것 같습니다. 어릴 적 나는 바쁜 엄마를 대신해서 가사 일을 돕는 언니들한테 업혀서 자랐습니다. 그것이 나의 외로움과 슬픔의 시작인 것 같습니다.

두려움 중에도 내가 표현하고 실천하고 싶은 것은 사랑입니다.

사랑을 표현하고 실천한다면 하나님의 은혜와 사랑을 보게 됩니다. 치유와 회복의 힘을 보게 됩니다. 나와 같은 상황 속에 있는 다른 사람들에게 경험을 나눌 수 있습니다. 타인을 더 많이 이해하고 사랑할 수 있게 됩니다.

인정 욕구와 타인의 시선 그리고 집착, 완전해야 된다는 생각, 더 채워야 한다는 생각들은 나다움이 아닙니다. 나다움은 나로서 충분히 소중합니다.

나다움으로 사는 것은 사랑을 표현하는 것입니다. 성장의 자리에 있고 싶습니다. 그 동안의 나의 틀을 깨고 다르게 살기를 해보고 싶습니다. 그러기 위해서 지금 내게 필요한 것은 더 많이 고요해지는 것입니다. 내게서 떨어져 나를 보기입니다. 잠시 멈추어서 나를 보기입니다. 틈을 만드는 것입니다.

나를 중심에 앉힙니다.

자유로운 환경, 함께하는 환경, 부족을 같이 채울 수 있는 파트너가 있는 환경, 나를 다 표현해도 안전하고 안심되는 환경입니다. 약간의 부담이 동기를 더 할 수 있는 환경,

나랑 비슷한 생각을 나눌 수 있는 사람들이 있는 환경, 내가 힘들이지 않고 잘할 수 있는 일로 채워지는 환경, 주님의 부름심에 대한 확신이 있는 환경입니다. 이것은 내가 행복하고 즐거운 마음이 드는 환경입니다.

  나의 중심에 나보다 다른 사람을 두고 살다 보니 나다움 나만의 빛깔을 채색하지 못했습니다. '이제부터는 나답게 살자, 나를 중심으로 내가 할 수 있는 일들을 하면서 만족을 누리자'를 결심하게 되었습니다. 그런데 나는 누구이고 과연 나답게 사는 것은 무엇이고 무엇을 좋아하는지 쏟아지는 질문 속에 나의 정체성에 맞게 우선순위와 방향성을 정해야만 했습니다.

  나의 경험, 배움, 열정이 모여서 점점 더 분명해지는 '나다움'을 느낍니다. 과거로부터 오는 나는 누구인가? 나는 무엇을 하고 싶은가? 나는 어떻게 살고 싶은가? 가 분명해질 때 나다움의 삶을 살 수 있음을 배웠습니다. 하나님이 디자인하신 목적대로 살 때만 나다움을 경험하게 되었습니다.

나는 여행자입니다.

  지금 항상 생각하고 있는 것은 성장과 변화 그리고 성찰과 통합입니다. 내가 나로서 살지 못한 부분을 찾아서 미해결 과제들을 풀어가기 위해 성장하고 변화 되어야 합니다. 또한 그동안의 나의 경험과 노력들이 보배롭고 소중하기에 새로운 의미로 재 해석된 통합된 삶을 이루고 싶습니다.

나는 내가 나 스스로가 코칭의 도구가 되어 그들과 함께 하고 싶습니다. 이 도구는 상자 안에 있는 사람들을 상자 밖으로 나올 수 있도록 도울 수 있습니다.

나의 경험을 나누는 것이 기쁘고 새롭습니다. 주변 사람들이 사랑과 자유를 경험하기를 원합니다. 깨지고 상처로 얼룩진 모습에서 주님의 사랑 앞에서 다시 소중한 존재로 세워지고 결핍이 채워져서 각자 삶의 목적대로 기쁨 가운데 자유를 누리며 살 수 있기를 소망합니다.

캐나다는 다양한 문화가 섞인 이민자의 나라입니다. 다양한 경험, 존중과 배려가 있습니다.그러나 한인 교민사회는 이민 온 연도에 따라 그 당시 문화와 사고방식이 고착되어 있는 것을 느끼게 됩니다. 세대 간 소통의 어려움이 사라지고 수평적 관계로 자유로운 의사소통과 시너지가 창출되어 행복한 사회를 경험하기를 바랍니다. 자녀들이 캐나다 문화보다 한국 교민 문화에 더 큰 자부심을 느끼게 되기를 바랍니다. 불통과 다툼과 갈등과 분열보다는 화합으로, 무시보다는 존중받고 인정받는 사회를 이루기를 바랍니다.

피해자 탈출

목회자의 아내로서 함께하는 마음으로 살면서도 삶의 고비를 맞는 순간마다 피해자같은 느낌을 갖고 살았습니다. 남의 인생을 사는 것 같은 분리된 느낌과 모든 것을 인내하며 견디어야만 하는 느낌으로 살았습니다.

체력에 비해 무리해서 경제활동을 해야 했고, 가정과 사역에서도 늘 피해자 자리에 있는 느낌이었습니다. 항상 상황을 바꾸기보다는 받아들여야 한다고 생각하며 무력감을 느낀 적도 많습니다.

기쁨과 성취의 순간도 많았지만 해야만 하는 일들이 늘어났고, 인정받고 사랑받는 일에 익숙해지면서 더더욱 타인 중심의 삶을 살았습니다. 결정의 순간마다 나는 없고 오직 주변인들의 시선에서 나는 나를 점점 더 어려운 상황 속으로 몰아가게 되었습니다. 그런 내 모습에는 가정에서의 역할보다 타인을 섬기는 일에만 집중된 삶을 살아온 흔적이 남아 있습니다.

원가족에서도 항상 착한 아이 역할이었습니다. 엄마는 늘 강의로, 일로 바쁘셨기에 나는 가사 일을 하는 언니들한테 업혀서 자랐습니다. 그것이 나의 외로움과 슬픔의 근원 같습니다.

가정은 사람들의 시선에 노출된 투명한 어항과 같았습니다. 모범이 되어야 한다는 생각에 온 가족이 늘 최선을 다하는 모습이어야 한다고 생각했습니다. 아이들도 착하고 반듯한 성품을 가져야 한다고 생각했습니다. 성적도 우수해야 한다고 생각했습니다. 이런 신념들이 자녀들에게 부담을 주었고 또래 아이로 자라기보다는 애어른으로 자라게 했습니다.

엄마의 모습보다 사역자의 모습을 보여줬고, 엄마로서 자녀들을 보호하고 채워주어야 할 아이로 대하기보다는 함께 사역하는 동역자로 대하며 버거운 요구를 해왔습니다. 그때 자녀들이 느꼈을 중압감과 상처들을 생각하면 깊은 후회와 미안함에 하루에도 몇 번씩이라도 사과하고 싶어집니다.

나는 완전히 타인에게 집중된 삶을 살았고 주변의 칭찬과 인정에 내가 잘하고 있다고 착각하며 나를 소진했습니다.

나는 다 타버린 초와 같았고 결국 재만 남았습니다. 그런 나를 보며 놀랬고 슬펐습니다.

그러던 어느 날 병이 찾아왔고, 슬픔이 더욱 깊어지고 후회가 몰려왔습니다. 이것이 나의 인생의 전부인가? 하는 물음을 던지며 잘 다니던 직장도 그만두고, 하루라도 내가 없으면 안 될 것 같았던 사역도 내려놓았습니다. 나에게 기회를 주고 싶었습니다.

그 때까지 나는 남편의 사역을 돕고 지원하는 일이 나의 역할이라고 믿었고 저의 정체성이었습니다. 결혼하자마자 강사도 그만두고 내가 그리 살기로 작정해 놓고 내 맘 깊은 곳에는 목회자와 결혼해서 내가 겪는 일이라고 원망하는 맘과 억울함이 자리하고 있었습니다.

그러던 어느 날 소진된 나를 보면서 "이것이 나의 인생의 전부인가?" 하는 허탈감에 잘 다니던 직장을 스스로 당장 그만두었습니다. 이미 몸은 많이 상해 있었습니다. 아이러니 하게도 40kg도 안되는 환자와도 같은 상태가 되니 비로소 내 모습이 선명하고 뚜렷하게 보였습니다. 이전과는 다르게 살아보고 싶은 마음이 일렁거렸습니다. "나는 누구인가?" "나는 어떻게 살고 싶은가?" "나는 무엇을 해야 하는가?" 꼬리에 꼬리를 무는 질문이 머리 속을 맴돌았습니다.

나를 교정합니다.

　무언가 집중하다 보면 점점 더 해야만 하는 것들이 많아지고 그것이 내 어깨를 짓누르고 마음의 짐이 되어 부담을 갖게 되는 것을 바꿔봅니다. 자녀들을 통제하고 조종하려 했던 것을 바꿔봅니다. 내가 한 모든 일을 인정받고 싶었던 마음을 바꿔봅니다. 어느 사안에 내려놓지 못하고 끝까지 집착했던 마음을 바꿔봅니다. 무언가 하지 않으면 시간이 아깝다고 느끼고 스스로가 무력하거나 게으르다 생각했던 것을 바꿔봅니다. 그래서 불규칙한 식습관과 충분한 수면 시간을 갖지 못하며 버티게 되는 것을 바꿔봅니다.

　최선의 것을 고르거나 이루고 싶어서 오히려 일이 늦어지거나 우유부단한 모습을 보이기도 하는 것을 바꿔봅니다. 타인의 아픔이나 문제에 너무 민감하게 반응하며 최선을 다해 도우려 노력하는 것을 바꿔봅니다. 갈등을 피하려 거절을 못해서 자칫 내 생활이 없어지는 것을 바꿔봅니다.

　내가 하기 싫은 일이면서도 상대방이 원치 않을 거라는 합리화로 자기기만을 했던 나를 바꿔봅니다. 하고 싶지 않은 일도 거절하지 못한 채 다 떠안고 힘들어 하는 나를 바꿔봅니다. 인정받고 싶은 마음에 내 칭찬을 늘어놓기도 하고,

나의 필요를 따라 사는 것에 죄책감을 가지고 일부러 고생길을 택하여 가는 나를 바꿔봅니다.

다른 사람의 기대에 맞춰진 인생을 이제는 살지 않으려고 노력 중입니다. 이전과는 다르게 선택하면서 새로운 나를 발견하고 싶습니다.

고통의 선물

안정된 사역을 하다가 선교사로 파송되어 캐나다로 들어왔고, 미국의 경험으로 바로 직장을 구하고 일과 장애인 사역을 병행하며 선교, 봉사, 계몽을 위해 노력했습니다. 캐나다에서 풀타임 직장과 장애인 사역을 동시에 하면서 보낸 어느 날 암을 의심하는 내막에 종양이 발견되고 캐나다에서 수술을 받고 그런 와중에도 더욱 열심히 일과 사역을 감당했습니다.

나는 오히려 비참이나 억울보다는 하나님의 함께 하심을 증명의 기회를 삼고 싶었습니다.

그런 와중에도 일과 사역을 놓지 않고 또 또 또 하면서 더 막중한 책임이 따르는 자리로 옮겨갔습니다. 참으로 어리석은 나였습니다. 나의 어리석음으로 수술 후에도 쉬지 않고 일을 한 것이고 그로 인해 나를 스스로 공격하는 면역 이상으로 백반증과 안구건조증과 과민성 대장 등에 동시에 시달렸습니다

나는 아버지가 돌아가시고 나서야 아버지의 마음을 알게 되었습니다. 하나님께서 나를 사랑하시는데 그토록 버거운 삶을 감당하라고 쉼도 없이 나를 몰아가셨을까? 하는 질문 앞에 많이 울었습니다.

마침내 어리석은 나를 사랑하게 하시고 주님이 주신 소중한 선물, "코칭"으로 자녀들과 회복하게 하시고 다른 사람들과 사랑을 나눌 수 있도록 또 다른 무대에 나를 올리신 주님을 찬양합니다. 주님이 기뻐하시는, 주님이 나를 만드신 목적에 따라 살아갈 수 있도록 계속 정진하는 여정이 되기를 소망합니다.

보물선이 되었습니다.

편안하고 안정 된 목회를 하던 중 주님이 원하시는 더 깊은 자리로 나아갈 수 있게 해 달라고 3년 동안 기도한 응답이 장애인 사역이었습니다.

이런 결정으로 걱정해주는 주변의 만류에도 요동치지 않

고 나섰습니다. 그러나 녹록치 않았습니다. 안정되었던 그동안의 목회와는 참 많이 달랐습니다. 그렇게 몇 년을 해볼 수 있는 모든 것을 다하면서 감격도 있었고 많은 열매를 맺기도 했습니다. 그렇게 18년째 장애인 사역을 하고 있습니다.

이 사역이 나에게 주는 가치는 열정, 호기심, 사랑입니다. 장애인들 안에 탁월함, 잠재력, 자원, 그리고 해답이 있습니다. 장애인들 역시 사역자들입니다. 그들이 함께하는 것만으로도 그 자리는 은혜의 자리, 사랑이 전해지는 자리, 하나님의 일하심을 배우는 자리가 됩니다. 그들을 통해 코칭의 철학을 배웁니다. 상대 중심의 존중과 각자의 탁월함(아레테)이 있음을 배웁니다. 성장을 위해 파트너(봉사자)가 필요함을 배웁니다. 호기심을 배웁니다. 알지 못함의 자세를 배웁니다. 상호협력적 동맹적 관계 맺음을 배웁니다. 무조건적 신뢰를 배웁니다. 취약성을 배웁니다.

나는 나의 경험을 사랑하게 되었습니다. 어느새 나의 공간에는 커피 향기로 가득하고 사람들의 아름다운 스토리로 반짝입니다. 쏟아지는 밤하늘의 별들처럼 경이롭고 눈을 뗄 수가 없습니다. 나의 삶은 충만해지고 풍요로워지며 소중한 사람들로 연결되고 소통됩니다. 나를 더 확장시켰고 더 자라나게 했습니다.

  코칭이 내게 선물처럼 다가와 머물게 되었습니다. 나는 사람을 변화시키는 도구가 되었습니다. 나는 많은 사람의 변화된 삶에 목격자가 되었고 그들의 변화에 동참했습니다. 이런 나의 경험은 나만의 이야기가 되었고 내가 되었습니다. 나는 여전히 부족하고 훈련되고 갖춰져야 할 부분이 많지만 나는 현재를 누리며 감사하게 되었습니다.

나는 연출가입니다.

  삶은 나에게 매 순간이 기회이고 가능성이었음을 발견합니다. 내가 인지하든 못하든 나는 나비의 애벌레가 성충이 되는 과정을 향하고 있습니다. 어두운 동굴과 같은 고치 안에 번데기로 숨어들어 인고의 시간을 보냈습니다. 그리고 마침내 사투를 벌이며 나를 가뒀던 어둠을 뚫고 나와 이제 날게 되었습니다. 과도한 책임감이 더는 나를 짓누르지 않습니다. 주님 앞에, 사람들 앞에 무언가 계속해내야 하는 부담감과 압력에 매몰되지 않습니다. 나는 이제는 더 이상 물을 봐도 슬프지 않습니다. 나는 평온한 바다입니다. 나는 하늘과 맞닿아 있는 수평선입니다. 내가 바다가 되어 사람들을 품고 담아냅니다.

　40kg 미만의 병약한 나의 상태는 나에게 새로운 도약의 기회를 주었고, 나는 귀하고 소중한 사람들을 만났고, 배웠고, 기회를 얻었습니다. 귀하고 소중한 사람들을 만났습니다. 배웠습니다. 그리고 연결하고, 이어갔습니다. 저의 특별한 삶이 주님 뜻에 쓰임 받기를 기다립니다. 지금 주님께 감사합니다.

　나는 코칭하는 여행가입니다. 사람을 여행하고 있고, 세상을 여행하고 있고, 나를 여행하고 있습니다. 펜데믹 시기의 어느 날 어느 섬의 배에서, 섬으로 향하는 배에서의 코칭은 나에게 경이로운 경험이 되었습니다. 낯선 땅에서 낯선 문화가 이제는 두렵고 넘어야 할 산으로 느껴지지 않습니다. 탐험해야 할 미지의 세계입니다.

　과거에 지불한 삶의 수고로 얻게 된 기회와 가능성에 감사합니다. 같은 장소 같은 사역에서 이전과는 다른 나입니다. 더 단단하고 마음은 넓어졌습니다. 누구의 아내만이 아닌 나, 한국인으로만이 아닌 캐네디언이 되어 시너지를 일으키게 됩니다. 융합과 창조 속에서 또 다른 나를 만납니다. 인생의 후반전입니다. 경쟁이나 비교가 아닌 가슴 벅찬 설렘과 기분 좋은 만족입니다. 나의 아레테입니다. 나다움입니다.

  과거에 나는 인정받기 위해서 타인의 기대대로 살았던 적이 많았습니다. 번아웃이 오고 나서야 내가 열심히 살았고, 존재로보다는 역할로 살면서 참 고달팠음을 느낍니다.

  주님은 좌절했던 나를 다시 일으켜 세우셨고, 다시 무대로 올리셨습니다. 이 감사함에 나는 나를 도구 삼아서 연출자가 되어 감독과 스태프들과 함께 멋진 작품을 창조하고 싶습니다. 그 시나리오는 나의 이야기가 될 것입니다.

  내가 발견한 이 생각들을 좀 더 일찍 깨우쳤더라면 많이 달랐을 것입니다. 나는 이런 나의 경험과 고난과 성찰을 청년들과 나누고 싶습니다. 그것이 나로 하여금 지금껏 이 길을 걷게 하신, 나를 향한 주님의 시나리오였음을 믿습니다. 마침내 내가 나아갈 남은 여정과, 만남과, 동행과, 또 다른 만남과, 축복 등이라고 생각합니다.

나의 장바구니를 쏟아놓습니다.

  나에게 없는 것보다 있는 것들을 알아차린다면 나는 사랑과 열정과 통찰력이 있습니다. 친밀감과 쉽게 다가올 수 있는 만만함이 있습니다. 내 안에 흐르는 정서로 인해 아프고 슬프고 어려운 이들이 내게 손을 내밉니다. 그것은 나를 무대로 초대합니다. 나는 설렘으로 무대에 오릅니다.

나는 주님이 주신 특별한 재능과 영성이 있습니다. 타오르는 열정이 있습니다. 30년 넘게 사역한 경험이 있습니다. 목회와 장애인사역, 군사역, 병원사역, 이민사역, 그리고 코칭 사역에 이르기까지 이 모든 경험은 하나님이 주신 선물입니다. 개인 코칭이 어느덧 2,000시간을 훌쩍 넘었습니다.

은혜와 돌봄으로 함께 하시며 나의 삶을 인도하시는 하나님, 동지애로 뭉쳐 열정과 헌신으로 달려온 가족들, 한결같은 사랑을 주셨던 아버지, 그리고 함께한 봉사자들에게 감사드립니다. 이 일들을 통해 배운 것은 인생에 대한 책임감, 정체성의 확립, 미해결과제들의 알아차림, 결핍이 만들어낸 욕구들입니다. 자녀들과의 화해와 더 깊은 사랑 안에서 회복될 수 있는 믿음의 가정임에 감사합니다. 멈춤은 나를 발견할 수 있음에 감사합니다.

나는 기댈 수 있는 언덕입니다.

나에게 다른 사람과 다른 독특한 마음은 친근하게 다가

갈 수 있는 친밀함입니다. 필요를 빨리 알아내는 마음을 읽을 수 있는 직관력과 공감력입니다. 이것은 사람들로 하여금 자신을 오픈할 수 있도록 돕습니다. 인정, 지지, 칭찬으로 마음을 열게 합니다. 언덕이 되어주는 것입니다.

나의 진정한 재미, 의미, 그리고 보람은 사람의 마음을 세우는 일입니다. 언덕이 되어 나로 인하여 그 사람이 쉼을 얻고 힘이 나서 자유롭게 자신의 인생을 살아가는 모습을 보는 것입니다. 누군가에게 건네는 나의 말이, 몸짓이 심장을 다시 뛰게 하고 온기를 주어 회복하여 도약하는 모습을 보는 것입니다. 그렇게 누군가가 기댈 수 있는 언덕이 되어주고 싶습니다.

언덕으로 초대하고 싶습니다. 누군가의 응원이 나에게 힘을 주고 다시 일어날 수 있었던 것처럼 나도 누군가에게 작은 힘이라도 보태 주는 언덕이 되고 싶습니다. 오롯이 나만이 가능한 일들을 하고 싶습니다. '나'를 나누고 싶습니다.

나는 무대에 오른 배우입니다.

다른 사람이 볼 때는 일이라고 할 수도 있지만, 나에게는 열정적인 놀이라면 여행과 코칭 그리고 강의입니다. 무대에 오른 배우 같은 열정을 줍니다. 코칭을 하고 나면 나의 에너지가 바꿨다는 얘기를 듣습니다. 몰입되어 생생한 체험을 하게 합니다.

나의 독특함과 영향력으로 만든 성공화면은 열정, 에너지, 밝음, 친밀함, 만만함, 해를 입히지 않을 것 같은 안도감, 사랑 이런 단어들이 버무려진 나의 삶입니다.

나는 나의 삶을 나누고 있습니다. 고백하고 있습니다. 사과하고 있습니다. 나는 나를 도구 삼아 사람들을 만나고 있습니다. 나의 인생을 송두리째 다 사용해서 다른 사람들에게 힘이 되고 싶습니다. 상담, 코칭, 영성 그리고 나, 이것이 다 사용되기를 기대 합니다. 나는 어떤 이론보다도 '나'를 나누고 싶습니다. 나의 가족을 나누고 싶습니다. 나의 하나님을 나누고 싶습니다. 나는 그 자리에서 나로서 가장 빛나며, 나다움이며 나의 최상의 상태입니다.

주님이 나를 통해 하고 싶으신 말씀, 하고 싶으신 그 일에 주님의 손과 발이 되고 주님의 마음을 전하는 작은 물동이가 되고 싶습니다.

성공 사진에 들어가 눈을 감고 상상해 보면 영성을 나눌 수 있는 크리스천 코칭 상담가로서, 라이프 코치로서 진심 어린 눈빛으로 따뜻함을 전하며 진솔한 얘기를 듣고 있는 저와 고객을 봅니다. 함께라면 일어설 수 있다고 같이 해주시겠냐고 묻는 눈빛이 보입니다. 함께 잡은 손이 보입니다. 어깨를 토닥이는 손이 보입니다. 또 한 주간을 잘살아보겠다고 다짐하며 힘을 내며 문을 열고 나가는 고객의 세워지고 펴진 어깨가 보입니다.

고객의 영웅 스토리가 가득한 책이 보입니다. 한자리에서 축하와 나눔을 하는 축제의 자리가 보입니다. 더불어 나의 결핍과 미해결 과제가 해결되어 더욱더 많이 담을 수 있는 공간이 늘어나 더 많은 사랑을 담는 사랑의 존재가 되어 있습니다.

나는 비로소 내가 되었습니다.

전문 코치로서 활동하는 나는 사람들의 마음을 세우는 마음 사역자입니다. 나는 기댈 언덕이 되어주는 언덕 코치입니다. 주님의 자녀요 사랑을 입은 은혜자입니다 또한 스스로를 찾아가는 여정 중에 있는 코칭 여행가입니다. 그는 마음을 경영하여 자신을 만들고, 가족을 사랑하고, 이웃에게 기여하며, 하나님의 사랑을 전할 수 있는 더 성숙된 코치가 되고 싶습니다. 자신이 스스로 코칭의 도구가 되는 코치, 온전케 하는 영성 상담가가 되고 싶습니다. 전문 코치로서 가장 성공한 모습은 주님으로부터 사람들에게 잘 쓰임 받고 있는 모습입니다.

진정한 나를 탐색한 경험은 내가 누구인가, 무엇을 해야 하는가를 명료하게 해주어서 방향성과 우선순위를 정할 수 있게 했습니다. 나는 나로 하여금 코칭의 도구가 되기 위해서 이런 작업을 주기적으로 꾸준히 하여 내 안의 더 깊은 잠재력과 탁월함(아레테)을 캐내고자 합니다. 멈춤을 통한 나에 대한 탐색과 성찰이 나를 더 깊게 만나게 합니다. 나의 욕구와 의도, 그리고 미래에 대한 그림을 분명하게 합니다. 나다움이 나입니다.

사회적 문화적 환경이 다른 곳에 거주하며 살아가는 나는 주님의 사랑을 전하는 메신저입니다. 연결자입니다. 나는 이곳의 문화를 만남으로 새로운 문화를 창조하는 창조자입니다. 새로운 문화를 습득하고 배워서 체화시키는 수행자입니다. 내가 힘들이지 않고 나를 나대로 표현하고 나누고 열매를 거두고 그 성과를 주님께 감사드리는 감사자입니다. 재미, 의미, 탁월 그리고 보람을 주는 코칭과 사역을 통해 교민사회에 보탬이 되는 사역자입니다.

  나는 그런 서비스를 힘들이지 않고 제공할 수 있는 시스템이 구축되기를 소망합니다. 이런 일들은 나에게 도전 정신과 개척 정신을 주었습니다. 나를 바로 보는 눈을 주었습니다. 나를 인정하게 했습니다. 취약성도 또 다른 탁월성도 발견하게 했습니다. 자녀들을 강압하고 조정하려는 맘을 내려놓게 했습니다.

  문화를 수용해서 익히고 관찰하고 접목하고 또 다른 문화를 창조하고 싶은 마음을 갖게 했습니다. 매일 새로운 나를 만나게 했습니다. 이곳에서 살아낸 내게 자신감을 주었습니다. 다양성이 나를 유연하게 했습니다. 나의 이야기가 정체성이 되고, 또 다른 이야기를 만들어 갈 것을 기대합니다.

  나는 생각하고 행동하고 노력하는 사람입니다. 나는 하나님의 사랑을 실현하고 싶고, 이 땅에 내가 태어난 존재 이유를 알아가고 표현하고 싶은 사람입니다.

  나는 가족에게 미안한 사람입니다. 나는 타인에게 영향을 주고 싶은 사람입니다. 나는 어느 곳에 어떤 모습으로 어떤 일을 하고 살아도 멈추지 않고 나아가고 싶은 사람입니다.

  나는 내 생애 마지막 날이 나를 최고로 성숙시키고 성장시킬 날이 될 거라고 믿고 오늘을 사는 사람입니다. 나는 주님의 포도나무에 접붙인 바 되어 그로 인해 사는 사람입니다.

나는 사람의 마음에 관심이 많은 사람입니다. 나는 나를 코칭의 도구로 삼아 다른 사람들의 변화를 돕고 싶은 사람입니다. 나는 문화 창조자입니다.

나는 연결과 소통으로 한국과 캐나다를 연결하는 사람입니다. 열정, 연약함, 생각 파트너, 페이스메이커, 슬픔, 바다, 수평선, 마음 경영자, 언덕, 사랑, 함께하다가 혼자 있는 걸 좋아하는 사람, 책, 코칭 여행가 입니다.

나에겐 이야기가 있습니다. 주인공이 되게 하는 사람, 담기는 사람, 채색되는 사람, 마음을 알며 자기를 아는 사람, 주님이 일으키시는 파도를 타는 사람, 멋진 할머니가 되고 싶은 사람, 캐나다에 k코칭 문화를 만들고 싶은 사람, 여전히 공사 중인 사람, 지어져 가고 있는 사람입니다.

나는 잘 살았다, 뿌듯하다, 후련하다고 말할 수 있는 사람이고 싶습니다. 소풍처럼 살다 가고 싶은 사람입니다. 세상살이가 여행이었고 탐험이었고 발견이었다고 말하고 싶은 사람입니다.

내 중심엔 주님이 계시고, 사람들 마음의 연주가 들리고 명화가 걸리고, 작품이 되게 하고, 샘이 솟고 따뜻함이 가득하기를 기대하며 힘을 보태고 싶은 사람입니다.

나를 찾는 여행길에서 내가 발견한 '아하!'의 순간을 다른 사람들과 나누고 싶은 사람입니다. 다른 문화를 만나는 것은 또 다른 도전이고 배움의 기회이고 나를 더 풍성케 하는 시간입니다. 세 딸이 결혼을 생각하는 나이가 되었습니다. 새 식구가 생길 것입니다. 다른 문화를 만나는 기회가 될 것입니다. 다름이 특별함이 되어 호기심을 가지고 탐험하며 존재로 만나는 소중한 관계가 만들어지기를 소망합니다.

나는 소망합니다

미래 언젠가 있을 나의 장례식을 그려봅니다. 친척과 친구들로부터 나는 이런 사람이고 싶습니다. 보고 싶은 사람, 따뜻하고 부드러운 성품을 지닌 사람으로 기억되고 싶습니다. 너무 애썼어. 수고했어. "ㅇㅇ아 사랑해"라는 말을 듣고 싶습니다. 다른 사람들로부터는 따뜻한 마음을 가지고 하나님의 사랑을 나누며 자신과 주변 사람들을 사랑하며 살았던 사람으로 기억되고 싶습니다.

특별히 사람의 마음에 관심을 갖고, 마음을 세우고 세울 수 있도록 도왔던 사람으로 기억되고 싶습니다. 세상을 떠난 후 나의 삶을 주제로 만든 영화가 있다면 그 제목은 '아름다운 여정, 동행 그리고 자유, 풍경에 색을 입히네'이고 노래가 있다면 '물들이네~', '꼬마 여행가'일 것입니다. 비문에는 '하나님 아버지와 동행하다 하나님 아버지 품에 잠들다'이길 바랍니다.

4부 나는 아직 공사 중입니다

— 한상진 코치의 글

나는 대기만성 스타일이다. 느리지만 꾸준하게 나의 갈 길을 갈 것이다.

- 한상진 코치

서두

나는 아직 공사 중인 사람이다. 앞으로의 10년과 인생 2막을 여는 새로운 시작을 준비하는 사람이다. 내 삶의 앞에 펼쳐질 좋은 일들, 좋은 인연들, 인생 최고의 꽃을 피우길 기대한다. 최고의 날은 아직 봉인 상태에 있다. 나는 아직 나의 판도라 상자를 열고 싶지 않다. 나는 대기만성 스타일이다. 느리지만 꾸준하게 나의 갈 길을 갈 것이다.

사회 문화적 환경과 나

나는 유교적, 수직적, 배타적 문화권에서 교육받고 직장 생활을 했으며, 나보다 나이, 지위, 파워가 센 사람을 공경하고, 나보다 아래라고 생각하는 사람들에겐 지시, 명령하는 것에 익숙했으며, 나와 다른 생각, 출신, 코드가 안 맞는 사람들을 싫어하고 어울리지 않으려고 하는 문화 속에서 성장하였다. 자연히 나도 그런 영향 아래에서 교육받았고 나에게도 그런 성향이 은연중에 스며들어와 있음을 느낀다.

2009년에 아이들이 각각 2학년 5학년 때에 미국으로 이민을 왔다. 미국은 한국과는 많은 부분에서 사회 문화적으로 정반대인 경우가 많아서 내가 미국에서 대학원을 다녔음에도 불구하고, 가족들을 데리고 일상에 적응하고 미국인들과 매일 함께 일한다는 것이 쉽진 않았지만 전반적으로 이민 생활에 만족한다.

  미국에서 직업을 가지고 살아간다는 것은 모험이고 새로운 도전이다. 한국에서보다 훨씬 더 다양하고 나와는 많이 다른 사고, 가치, 행동 방식 등과 부딪치게 되기 때문이다. 예를 들면, 회의를 통한 의사결정 시에 한국에서는 상사의 의견을 듣고 따르는 것이 빠르고 효율적이라 여겼으나, 미국에서는 다양한 의견수렴 및 조율의 시간이 길어서 내게는 너무나 느리고 답답하고 비효율적이라고까지 느껴졌다. 그러나 그 프로세스를 통해서 좋은 의사결정이 만들어지고, 생각지 못했던 좋은 아이디어가 많이 나오는 것을 보게 되었다. 이제 나도 그들의 리듬을 받아들이고, 조율되고 맞춰져 가는 것 같다.

  서로 다르다는 것은 부정적인 것이 아니라 조화와 시너지를 창출할 수 있는 긍정의 파워가 될 수 있음을 배웠고, 모든 일에서 사람들을 대할 때에 최대한 나의 선입견을 배제하고, 오픈 마인드를 하고, 경청하며, 내가 갖고 있지 않은 좋은 점들을 내 것으로 만들려고 노력하게 되었다.

미국에서는 최고 기업 총수 또한 공식 행사에서 티셔츠에 청바지를 입고 발표를 하고, 임원이 출장을 갈 때도 (가방보찌 없이) 혼자 가는 경우가 많다. 일터에서 직원들의 복장이 자유롭다. 내가 실리콘밸리의 대표적인 기업의 임원을 만나는데 그가 오토바이 복장, 헬멧을 들고 왔다. 일터에 강아지를 데려오기도 해서 매우 놀랐던 경험도 있다.

나이, 허례허식, 남에게 보여 지는 것이 중요한 게 아니라 실력과 실속이 중요하다는 것을 배웠고, 나이는 숫자에 불과하다고 생각하며, 내 일에 최고가 되고, 내가 원하는 삶을 살려고 노력하게 되었다.

직업인으로서의 나

1. 멘탈 이슈로 인해 약을 먹고, 정상적인 직장 근무가 불가능했던 사람을 거의 10개월간 코칭한 적이 있었다. 그는

변화되었고, 그 후에 취업을 하고 대학원을 졸업했으며, 아름다운 여인을 만나 결혼도 하였다. 현재는 자신의 전공 분야에서 프로페셔널로서 활발하게 활동을 하게 도왔다. 나에게 코치로서 최고의 보람과 자부심, 자긍심, 자신감을 높여준 사례이다.

2. 내가 사내 코치로서 활동할 당시, 회사에서 가장 유능하다고 평가받는 직원 중 한 명을 코칭하였다. 그 후 그는 MBA 취득을 위해 퇴사하였다. 그로 인해 나는 회사로부터 그가 떠난 것은 나의 책임이라며 질타를 받았다. 개인의 성장과 꿈을 위한 코칭 vs 조직원으로서의 조직성과 창출 및 공동의 목적 달성을 위한 코칭, 이 둘 중에서 어느 것을 내가 택했어야 맞는지에 대한 딜레마가 있었다. 하지만 추후 그가 글로벌 기업의 HR Head가 되었고, 내게 감사하며, 행복해하는 모습을 보면서 나는 고객 니즈를 충족시켜주는 데에 충실한 코치가 되고자 하는 사명감을 갖게 되었다.

3. 한국 스타트업들의 미국 진출을 돕기 위한 코칭을 하면서 그들이 너무 현지 사정을 모르고 현지 시장 및 고객에 대한 이해가 부족하여 답답한 마음이 크고 코칭 시간과 횟수

에 제약이 있다 보니 그들에게 나의 사견을 제시하고 티칭을 하고 있는 나를 발견하게 되었다. 내가 아는 것이 고객에게 반드시 정답이 아닐 수 있음을 깊이 깨닫고, 에고를 경계하게 되었으며, 고객 중심의 코칭에 더욱 힘쓰게 되었다.

다른 사람과 나

고객들로부터 나는 '언제나 일을 믿고 맡길 수 있는 비즈니스 파트너'라는 말을 자주 들었다. 나는 주로 기업체를 고객으로 하여 기업 임원들을 위한 교육/코칭하는 사업을 하는데 기업 고객들이 줄곧 다시 나를 찾아와 일을 맡기며 신뢰를 보여줄 때에 힘이 나고 보람을 느낀다.

나의 친구들은 내가 '합리적이고, 자기 일 잘하고, 운동 잘하고, 자기관리 철저하고, 의리 있는 친구'라고 말한다. 이 단어들은 모두 내가 좋아하고 타인들에게 그렇게 인식되어지고 싶은 모습들이라서 간혹 친구들과 만나는 자리나 이메일 등 안부를 나눌 때에 이런 말을 들으면 참으로 다행스럽고 감사하다.

내가 한국에서 여러 가지 코칭, 상담, 자기개발, 리더십 분야의 전문가들로부터 교육을 받을 기회가 있었다. 이들 교육은 3~4일 정도에 끝나는 것이 아니라 길게는 1년간 지속되기도 하였다. 정규 학교교육이 아닌 이상 전문교육의 경우 꽤나 긴 시간이라고 할 수 있는 이 기간 동안 나를 지켜보신 은사님들이 내게 '목소리에 따뜻한 힘이 들어있어서 듣는 이로 하여금 귀를 기울이고 움직이게 한다'는 말씀을 해주셔서 내게 그런 힘이 있는지 새삼 알게 되었고, 나는 직업적으로 청중들에게 강의를 하고 코칭을 하는 사람으로서 그 말씀이 너무도 기쁘고 감사했다.

또다른 은사님들로부터는 '천성적으로 사람을 좋아하고 타인에 대한 공감력이 좋다', '분명 훌륭한 코치가 될 거다'라는 칭찬을 해주셨는데 그때 너무나 기쁘고, 자신감이 상승하며, 가슴이 뜨거워지면서, 다른 이들에게 자랑하고 싶은 기분이었다. 내가 꼭 원했던, 듣고 싶었던 칭찬을 들어서 그랬던 것 같다. 그때 나도 타인들을 칭찬하고 인정해 줄 때에는 이렇게 해야 한다는 것을 배웠고, 내가 코칭을 하는 장면에서 나도 그런 칭찬을 고객에게 해주기 위해 애쓰게 되었다.

숨기고 싶은 나

나는 팔삭둥이다. 10개월을 채우지 못하고 8개월 만에 세상에 나와서 당시 한국에 단 2개뿐인 인큐베이터 신세를 졌다. 중학교 1학년 즈음까지 내가 가장 키도 작고 왜소하며 코피를 거의 매일 흘리던 아이였다. 어릴 때부터 몸이 약해서 모든 일에 무리하지 않으려 하고, 집안이 큰 부자는 아니었어도 크게 부족한 점은 없었던 까닭에 헝그리 정신도 없다.

그러다 보니 나는 무엇에서든 1등이었던 적이 한 번도 없다. 되돌아보면 학업 등등 늘 중간 이상은 되었지만 1등을 한 적은 없다. 1등을 하기 위해 죽을힘을 다해 노력한 적도 없다.

현실 속의 나

그간 해오던 나의 사업성과는 괜찮았다. 다만 한국 대기업 고객 비율이 거의 90%를 차지하는 문제가 있었다. 그 문제를 처음부터 잘 알고 있었기에 고객 다변화 및 미국 내 사업 기반을 확대할 생각을 가지고 있었지만 현실에 너무 안주하고 게을렀던 탓에 COVID가 시작되면서 사업 운영에 어려움을 겪게 되었다.

코칭은 2000년대 초에 접하게 되면서 매료되었고, 훌륭한 코치가 되고자 마음속에 비전을 세웠고, 코치 자격을 받고 역량을 확보하기 위하여 교육도 많이 받았으며, 책도 발간하였다. 그러나 미국으로 이민을 오면서부터 직장 생활에 바쁘고 내 사업의 큰 수입이 되는 일에 중점을 두다 보니 코칭은 사이드 잡이 되었다.

내가 코칭에 매료되었던 가장 중요한 포인트 중에 하나는 나와 고객이 더불어 성장하고 잘사는 세상을 만드는 것이며, 나는 근본적으로 사람을 좋아하고 타인에게 긍정의 영향력을 미치는 사람이 되고 싶은 욕구가 강했으며, 내가 가진 성격, 자질, 가치 등을 비추어볼 때 잘할 수 있고 나와 잘 맞는 일이라고 생각했고, 주변의 많은 사람들과 고객들 또한 나를 코치로서 높게 인정하고 평가해주었다.

나는 앞으로 마스터 코치가 되고자 하며, 코칭을 통해 많은 사람들에게 선한 도움을 주는 일에 중점을 두고자 한다.

장기적 관점에서, 나의 코칭 리더십에 대한 이론적 토대를 더욱 튼튼하게 쌓고 이론과 실제가 겸비된 코치가 되기 위하여 박사 과정을 시작하였다.

두려움 너머 존재 표현

  어려움이 있으면 끝까지 맞서지 않고 쉬운 길을 찾고, 새로운 일과 내가 익숙지 않은 무언가를 하는 것에 두려움이 많다. 그래서 40대부터는 그런 새로운 것과 실패에 대한 두려움을 극복하기 위해 의도적으로 노력을 기울이고 있다. 미국에 이민을 결심한 것도 그 일환이다. 미국에서 공부한 경험이 있었기에 믿는 구석이 있었지만 가족 모두를 데리고 와서 이민 생활을 하는 것은 다른 이야기였다. 돌이켜보면, 한국에서 직장 생활을 했을 때보다 더 어려움이 많았던 듯하다. 그때는 나만 회사에서 잘하면 그만이었고 아내는 전업주부로서 아이들을 잘 키운다는 믿음이 있었기에 가정 일은 신경 쓰지 않았다.

  하지만 미국에서는, 특히 이민 초기에는 내가 직장인으로서, 가장으로서, 가정 코치로서 동시에 많은 역할을 해야만 했다. 그 과정에서 많은 어려움을 이겨내며 많이 나아졌다고 생각되지만, 아직도 내게 낯설고 해보지 않은 일을 해야 할 때면 주저하는 나를 먼저 발견하게 되어 의도적으로 그런 일을 하려고 노력한다. 왜냐하면, 일단 부딪쳐서 해보면 얼마든지 내가 해낼 수 있었던 일들이고, 설사 원하던 결과가 나오지 않더라도 그 과정을 배움의 기회로 삼으면 되니까.

Nonsense와 본질 알아차림

내가 앞으로 1년만 살 수 있다면....
나는 매일 살아있음에 감사하는 기도로 하루를 시작하겠다.
나는 오늘 하루도 행복하리라 마음먹는다.
나의 가족들에게 '사랑한다', '감사하다', 그리고 '내가 더 도움이 되어주지 못해서 미안하다'고 말한다. ('내가 더 도움이 되어주지 못해서 미안하다' 이것은 나의 94세 되신 어머님께서 지금도 내게 하시는 말씀이다.)
나의 그동안 열심히 잘 살아온 나를 칭찬해주고 어깨를 토닥여준다.
친구들과 지인들에게 감사의 마음을 전한다.

내 인생을 통해 얻게 된 지혜와 교훈을 담은 회고록을 쓴다.

내가 코치로서 도움을 줄 수 있는 사람들에게 무료 코칭을 해준다.

핵심 감정

나의 능력으로 통제할 수 없어서 아무것도 할 수 없을 때 느끼는 무기력감을 견디는 것이 슬픔이라는 감정이다. 예를 들어 나의 사랑하는 부모나 가족이 아플 때, 나의 친구가 죽도록 힘들어하는 일이 있는데 내가 도와줄 수 있는 것이 없을 때, 내가 어떤 일을 꼭 해내고 싶었는데 아무리 노력해도 얻지 못했을 때 등이다.

나의 선생님들, 친구들, 동료들 등 내게 의미 있는 사람들로부터 인정 지지를 받고, 그들과의 좋은 관계를 유지할 때 큰 만족감, 자존감, 기쁨을 느낀다.

미국 초창기 시절엔 나와 가족 모두 미국에서 안정적으로 일하고 생활할 수 있는 법적 장치를 마련하기 위해 애를 많이 썼고, 거리의 노숙자도 부럽던 시절이 있었다. 영주권을 받았을 때 너무나 기뻤다. 언제 쫓겨날지 모르는 불안한 신세에서 벗어나 말 그대로 미국에서 영원히 살 수 있고 아이들도 맘 편히 공부할 수 있는 권리를 보장받았으므로....

새로운 10년과 인생 후반전을 준비하는 나는 설렘과 불안이 공존한다. 불안은 나 자신의 능력에 대해 반신반의하는 마음, 아이들에 대한 걱정, 미래에 대한 불확실성 등과 연결되어있다.

나의 핵심가치(Core Value) 찾기

세상살이는 주고받기이고, 서로 간에 가치 있는 것을 주고받는 관계여야 오래 긴밀하게 지속된다.

1인 기업가, Self-help 분야 1인자, 칼럼니스트, 베스트셀러 작가, 강연가, 문하생 양성.

자기밖에 모르는 이기적인 사람. 모든 일에 본인이 우선이고, 타인에 대한 배려가 없는 사람.

어머니는 언제나 내 의견을 들어주고, 내편이 되어주시고, 원하는 것을 해주려고 노력하셨다. 또한 비즈니스를 시작하여 한때 3개의 규모 있는 사업체를 동시에 운영하시며 내가 경제적으로도 늘 부족함을 느끼지 않도록 지원하셨고, 미국 유학을 할 수 있도록 배려해주셨다.

아버지는 나에 대해 탐탁치 못한 부분들에 대해 늘 Push 하였고, 대화의 상대가 되어주지 못했다. 내가 어릴 때는 늘 일로 바빠서 밖에 계셨고, 주말엔 항상 큰댁에 갔어야 했다. 어떨 때는 아버지가 우리 가족보다 큰댁에 더 열심인 듯하여 불만스러웠다. 그 일로 인해 어머니와 다투는 모습도 종종 볼 수 있었다.

돈이 없으면 한심하고 비참하다. 돈이 많으면 풍요로운 삶을 살며 자신감이 넘친다. 돈은 많이 가져야만 하고 돈이 많을수록 행복감이 올라간다.

중 2때 생물 선생님이 나까지 3~4명 정도의 학생들만 데리고 주말에 기차를 타고 산에 실습 겸 야외 학습을 데려가셨다. 선생님과 함께 학교 밖에서 시간을 보낸 것도 처음이었고, 함께 간 몇몇 아이들 사이에 내가 선택되었음을 기뻤다. 그 선생님에게 잘 보이려고 그 수업만큼은 열심히 했던 것 같다.

 중학교에 들어가면서 체력 증진을 위해 태권도를 시작하였다. 시작한 지 불과 몇 개월 지나지 않아서 발차기 연습을 하던 나에게 관장님께서 '너는 열심히 하면 국가대표도 될 수 있겠다'며 어깨를 두드려 주셨다. 그 관장님은 올림픽 한국 태권도대표팀 감독이었다. 나는 중학교 시절 내내 학교를 마치면 곧바로 체육관에 달려가서 운동을 했고, 사범님 부재 시에는 아이들을 가르쳤고, 고등학교 때까지도 운동을 계속하며 3단이 되었다.

 내 인생에서 여러 선생님들께서 나의 존재를 인정해주고, 어떤 일을 열심히 지속할 수 있도록 동기 부여를 해주고, 나의 재능을 발견할 수 있게 도와주셨다.

 서로에게 필요한 존재. 주고받기. 오래될수록 깊은 맛. 믿음. 사랑. 우정. 의리. 오늘의 나를 만든 과정이다.

 20대까지는 아무 생각이 없었다. 그저 내가 해야 하는 일을 했다.

30대에는 나의 현재와 미래, 꿈/목적에 대해 진지하게 생각을 하였다. 관련 분야의 책도 많이 읽고, 전문가들의 워크숍도 참석하고, 유사한 고민을 하는 친구들과 종종 밤늦게까지 의견을 나누기도 하였고 커뮤니티 활동도 하였다.

결과적으로, 내가 하고 있던 일, 하고자 하는 일들과 나의 자질, 적성, 스킬 등이 일치함을 확인할 수 있었고 감사했다.

40대에는 목적만을 생각하며 그를 달성하기 위해 전력투구하였다. 한국에서 대기업 임원이 되는 것도 좋은 길이지만, 미국에서 내 일도 하고 아이들도 교육시키기 위해서 미국행을 선택하였다. 미국에 오면서 마음속에 품었던 거의 모든 목표를 달성하였다. 내 인생에서 가장 잘한 선택 중의 하나였고, 앞으로 다가올 10년을 계획하고 준비하는 데에 큰 힘이 되었다.

지금의 나를 공개한다

내게는 앞으로 10년을 위한 목표가 있다. 지난 10년간 그리했듯, 오는 10년에도 모든 목표를 이룰 수 있도록 전략과 실행 계획을 세운다. 모든 일이 준비한 대로 되지는 않겠지만 무계획보다는 분명 나을 것이고, 그리해야만 노후의 경제적 자유를 얻고, 내가 하고 싶은 일들을 그 다음 10년간 지속할 수 있을 것 같다.

나는 교육 및 코칭 사업을 하는 기업대표이자 전문 코치이고, 나의 인생 후반전에도 이 일을 계속할 것이다. 타인을 가르치고 좋은 영향력을 행사하여 그들을 성장시키고 나 또한 그 과정에서 계속 성장할 수 있도록 해주는 최고의 직업으로서, 나에게 꼭 맞는 옷 같고, 나에게 주신 사명이자 천직이라고 생각한다.

자녀는 부모의 소유물이 아니고 독립적인 인격체로서 대우해야 한다. 모든 관계에서 내가 원하는 것을 상대로부터 먼저 받기를 기다리면 받지 못한다. 내가 먼저 상대방이 원하는 것을 주어야 한다. 내가 먼저 기꺼이 줄 수 있는 것을 타인에게 주는 것이 나의 삶과 세상을 이롭게 하고, 타인과의 건강한 관계를 형성하고 오래간다.

주님은 항상 우리와 함께 계신다는 사실을 알려주고 싶다. 사람은 누구나 사랑스런 존재임을 느끼게 하고 싶다.

나의 아내는 나보다 훨씬 공부를 잘한다. 공부를 계속 했다면 이미 박사가 되었을 것 같다. 그녀보다 미국생활 경험이 많고 영어가 좀 더 나은 내게도 어렵게 보이는 일(예들 들면, 몇 년간 집 떠나 먼 타지에서 혼자서 공부하고, 졸업하고, 직장 잡고, 일하기 등)을 그녀는 과감히 부딪히고 결국 멋지게 해내는 모습에서 그녀의 도전정신, 용기, 성실함, 인내, 학습 능력, 자기관리 등등 여러 가지 면에서 나보다 훌륭하다고 생각한다. 그녀는 나의 친구이자 선생님이고, 아이들에게 너무나 좋은 본보기가 되어주어서 감사하다.

코칭을 배우는 이유

나 자신과 고객을 긍정적으로 또한 지속적으로 학습하고 변화시키는 데에 너무나 좋은 것이고, 고객이 자신의 문제를 해결할 열쇠를 가지고 있다는 전제가 맘에 든다. 실제로 코칭을 하다보면 처음 만났을 때는 너무나 우울하고 힘이 없어 보이고 힘들어하던 사람이 코칭이 진행되면서 점차

활력을 되찾고 표정이 밝아지다가 코칭을 마친 후에는 마치 다른 사람이 된 듯이 함께 수립한 실행 계획들을 힘차게 또한 멋지게 해나가는 것을 보고, 그 후 팔로업 과정에서도 고객이 지속적으로 바람직한 변화를 만들어 가는 모습을 보는 기쁨은 이루 말할 수가 없다. 강의를 마친 후 청중들로부터 우레와 같은 박수를 받고 만점짜리 피드백 평가서를 손에 받아든 것보다도 백배 더 큰 감동과 보람이 있다. 그래서 이런 성공적인 코칭 사례를 많이 만들어서 더 많은 고객들에게 도움이 되어주기 위해서는 내가 더 좋은 사람이자 더욱 훌륭한 코칭 능력을 가져야하므로 계속해서 공부를 해야 한다고 생각한다. 우리 인간은 죽을 때까지 배워야 한다고 했는데 직업이 평생 배우는 일이니 이 얼마나 좋은 일인가.

나를 행복하게 하는 것들

미국에서 교민들의 발전에 직접적인 도움을 줄 수 있는 코칭기관의 설립에 동참하고 훌륭한 코치들과 함께 작업하며 미래를 준비하는 일. 미국에 어린 자녀들을 데려와서 대학을 졸업시키고, 취업을 시키고, 집사람까지 대학을 다시 졸업시키고 취업시키고, 나 또한 난생처음으로 이국땅에서 회사를 설립하여 운영하면서 산전수전 공중전까지 다 치르는 동안에 누구하나 터놓고 내 이야기를 나누고 이슈들의 해결을 위해 조언을 구할 수 있는 사람을 찾기가 너무나 어려웠다.

현지에서 만난 미국 친구들에게는 좀 그렇고, 주변 한인 교민들은 모두 자기 잘난 맛에 사는지라 자신의 이슈를 내놓고 논의하기 어려울 뿐 아니라 만약 그럴 경우 민감한 내용이 금세 널리 퍼지기도 하는 경우도 간혹 목격되다보니 누구도 그리하지 않는 경향이 있다. 이런 교민 사회의 현실을 잘 알고 있기에 최근에 설립된 LA의 라온 코칭센터와 한국코치협회의 미국지부를 통하여 한인 교민들이 새로운 비전을 수립하고, 부모자녀 및 타인들과의 관계를 회복하고 더욱 긴밀하게 만들도록 도우며, 저마다의 가능성과 능력을 개발하고, 꿈을 이룰 수 있도록 전문적이고 체계적으로 지원할 수 있다는 생각과 그 기회에 가슴이 뛰고 설렌다.

준비된 자에게 기회가 오고, 그 기회를 잡아 최선을 다하면 꽃을 피운다.

행복을 깨치는 것들

최근 들어 부쩍 내게 이런 일들이 많아진 듯하다.
"아까 왜 그 생각을 못했지?", "이걸 했어야 했는데 까먹었네", "이렇게 말했어야 했는데" 등

예전보다 순발력이 떨어지는 것 같다. 나이 탓인지, 머리가 쇠퇴하는 건지 모르겠으나 그럴 때마다 "아, 전에는 안 그랬는데…" 하며 쓸데없는 옛 생각을 하고, 기분이 안 좋고, 자신을 책망하게 된다.

2년 후부터 죽을 때까지
자식들 잘 키워두었으니 걱정 없이 갔겠네….

꿈을 찾아 떠나는 여행 이야기

많은 사람들이 자신의 잠재력을 발견하고, 자신에게 주어진 업을 찾고, 최고 버전의 자신이 되며, 삶의 목적을 이루도록 도와주었다. 이전까지는 갖지 못했던 꿈을 갖게 해주고, 자신감과 능력을 업그레이드 시켜 주고, 그 꿈이 현실이

되도록 도와준다. 자신이 누구인지를 알고, 자기 삶의 목적을 찾아서 그 길을 가기를 바란다. 사고로 인해 몸을 상하거나, 건강에 이상이 생기지 않기를 바란다.

나의 삶의 패턴 깨닫기

매년 그해의 독서 목표를 정하지만 그에 미치지 못하고, 매일 책 읽기를 생활화해야지 마음먹지만 그렇게 실천하지 못했다. 내게 꼭 필요하다고 생각되어 마음먹으면 곧잘 목표를 이루는 편인데(예를 들어, 3개월간 홈트레이딩만으로 15킬로 감량하고 복근 장착하기 등) 유독 독서는 실패를 반복한다.

그래서 내가 책을 읽을 수밖에 없는 장치를 마련하는 차원에서 박사과정에 들어간 것도 한 이유이다. 박사과정에서는 내게 필요하고 도움이 되는 책, 자료, 정보들을 많이 찾고 공부할 수밖에 없는 구조이니깐.... 나의 자발적인 힘만으로 안 되면 나 자신을 이런 발전적인 틀 안에 집어넣는 것도 좋은 방법이라고 생각한다.

아이들로부터 내 기준에 못마땅한 것을 보거나 듣게 되었을 때 침착하게 이성적으로 대응하지 못하고, 감정이 앞서고 바람직하지 못한 언행이 나올 때가 있다.

무엇을 하기에 앞서 미리 조사하고 계획하고 계획대로 실행함으로써 효율적인 결과를 도출하는 일을 잘한다.

타인에게 공감을 잘해주고, 잘 들어주며, 친절한 편이라서 상대방이 나에게 호감을 갖고 좋은 관계를 시작하는 데에 큰 도움이 된다.

후회하지 않기 위한 결정

내가 대학을 마치고 미국에 와서 대학원을 갈 때에 LA 남쪽에 있는 누나네 집에서 살았다. 대학원을 결정하는 데에 있어서, 처음엔 USC 또는 UCLA를 가려고 하였으나, 그렇게 되면 내가 그 학교 부근에서 난생처음으로 혼자 살며 학교를 다녀야 하고, 나보다 훨씬 뛰어난 학생들이 많을 듯하고, 공부가 힘들어서 2년 안에 졸업하기 힘들다는 소리도 들어서 지레 겁을 먹었다.

그래서 집에서 가깝고 매형도 졸업한 주립대학이 있었는데, 거긴 내게 훨씬 만만하게 보였고, 학교 네임보다는 나만 잘하면 되지 라는 생각을 했고, 학비도 USC 또는 UCLA 등과 비해 적게 들어서 부모님의 부담을 덜어드린다는 생각에 그 학교를 선택하였다.

나의 미래를 두고 깊이 생각하면서 장단점을 세세하게 따져보지도 못했고, 쉬운 길로 갈 생각만 했다. 두고두고 후회스러운 결정이었다.

아무리 어렵고 힘들게 보이는 일이 있어도 일단 부딪쳐서 해보면 별거 아니고, 힘들면 좀 쉬었다 가도 되는 것이고, 그런 일을 해내고 나면 성취감이 훨씬 클 뿐 아니라, 그 과정에서 한층 더 성장하게 되고 자신감도 충만해진다.

앞으로는 실패에 대한 두려움을 제쳐두고, 내가 가야 할 길이라면 과감하게 그 길을 선택하고, 목적지에 도착할 때까지 힘들더라도 중간에 포기하지 않고 끝까지 갈 것이다.

피해자 탈출

코로나가 오기 전까지 얼마든지 나 자신의 능력을 업그레이드하고, 사업 포트폴리오를 다양화하고, 고객 기반을 다변화하고, 경력을 더 쌓을 수 있는 기회가 있었음에도 불구하고 나는 그리하지 않았다. 그때마다 나는 상황, 조건, 환경 등의 탓을 하며 나를 합리화시켰다. 내가 할 수 있었는데 안 한 게 아니라 어쩔 수 없이 못 한 것이라며.

이제부터는 매일 나 자신에게 질문하고 대답을 구하겠다. 오늘 하루 나의 가치에 따라 생활하고 일하고 배우며 알차게 살았는지. 무의미하게 흘러가게 내버려 둔 시간은 없었는지. 오늘 잘한 부분에 대해서는 적극 칭찬해주겠다.

부족했던 부분에 대해서는 나 자신을 나무라고 다그치지 말고, 어떻게 하면 더욱 생산성 있는 시간으로 바꿀 수 있을지를 묻고, 머리, 마음, 몸의 소리를 들어보고 분석한다. 그러면 나는 무의식에서 깨어있게 되고, 내가 행한 행동과 원인을 알아차리고, 매일 더 나은 자신으로 나아갈 수 있을 것이다.

고통의 교훈

취업 비자를 받고 미국에 이민 가서 일하기 시작한 지 불과 1년도 채 되지 않아서 당시 불경기 등의 여파로 인해 회사가 급작스레 문을 닫게 되었다. 눈앞이 캄캄했다. 미국에 살게 되어 좋아하는 아이들에게, 그리고 아내에게 차마 상황을 말하지 못하고 매일 출근하듯 집을 나섰다. 3개월 내로 내가 다시 취업하지 못하면 한국으로 돌아갈 수밖에 없는 상황이었다.

그러나 그리 허무하게 한국으로 다시 돌아갈 수는 없었다. 미국에 잔류할 방법들을 다방면으로 모색하다가 회사 정리를 돕던 대표의 친구를 만나 사업 아이디어를 보여주고 설득한 결과 새로운 회사를 같이 세우기로 하였다. 그렇게 미국인 대표와 스태프들과 함께 일하다가 영주권을 받았고, 그 후에 독립하여 나의 회사를 설립하였다.

아무리 어렵고 힘든 시련이 닥쳐도 포기하지 않고 간구하면 솟아날 방법을 찾을 수 있다.

⇨ 절대 포기하지 말자. Never give up!

나는 그때 한국으로 돌아가는 퇴로는 마음속에서 불태워

버리고 어떻게든 미국에서 살아남아야 한다는, 벼랑 끝에 서 있는 절박한 심정이다 보니, 이전보다 더욱 많은 문제해결 방안들을 모색하고, 더욱 용감하게 행동에 옮길 수 있었다.

⇨모든 일에 최악의 시나리오까지 검토하고 Plan B를 준비하라!

매일 미국인들과 같이 일하고 이야기하고 먹고 생활하다 보니 미국 문화에 빠르게 적응하고 배울 수 있었다.
⇨미국 문화로부터 내가 갖고 있지 못한 요소들을 배우고 익히면 더욱 강한 나를 만들 수 있다! 외국 문화에 대해 가장 빨리 배우는 방법은 그들 문화 속에서 더불어 살며 나누는 것이다!

미국에서도 통하는 나의 능력을 재확인할 수 있었으며, 내 회사를 설립하여 성공적으로 운영할 수 있는 받침돌이 되었다.
⇨나를 어려움에 빠트린 사람과 상황을 원망하고 탓하지 말고, 그런 오사례로부터 면밀히 실패 요인을 분석하고 그런 전철을 밟지 않도록 거울삼아서 나의 배움과 성장의 기

회로 만든다!

 내가 가장 힘들고 어려운 상황 속에 있을 때, 긍정의 마인드를 갖고, 긍정적 결과가 있을 거라 믿으면 그것은 내게 이겨낼 수 있는 힘이 되고 현실이 된다.
 ⇨나 자신에게 하루에도 몇 번씩 괜찮다며 위로하고, 너는 할 수 있다, 능력이 있다고, 나를 믿으라고 말해주는 Affirmation은 분명 효과가 있다.

 큰 어려움을 한번 이겨내고 나면 큰 경험이 되어, 그 후에 또 다른 시련이 와도 견뎌내고 이길 수 있도록 단련이 되고 더한층 성숙해진다.
 ⇨어떤 일이 내게 닥치더라도 매사에 감사하라
 'Give thanks in all circumstances'(1 Thessalonians 5:16)

기회와 가능성

 오늘 현재 내게 주어진 기회와 가능성들 중에서 가장 감사하는 것은 단연 미성대 코칭센터 설립을 통해 코치로서 한인 교민들이 자신의 문제를 해결하고, 잠재력과 가능성을 재발견하고, 행복한 가정을 만들고, 마음속에 깊이 간직한 꿈을 이룰 수 있도록 도움을 줄 수 있는 기회이다.

내가 미국에 올 때부터 마음에 두고 하고자 하였지만 현실의 벽에 부딪혀서 우선순위를 두지 못하고 미뤄두었던 바로 그 일을 이제 할 수 있을 것 같다. 지금까지 내가 쌓아온 모든 교육, 훈련, 공부, 투자, 경험, 선택 등에 감사한다.

2023년에는 한국코치협회의 미국 지부를 설립하여 한국 등과 연결된 글로벌한 사업을 기획하고, 준비하고, 실행하면서 보람찬 일들이 일상이 되는 날이 곧 올 거라는 가능성에 감사한다. 이곳저곳을 날아다니며 고객들을 만나고 그들과 함께 서로 나누고 배우고 성장하며 내 인생의 황금기를 만들어 줄 바로 그 출발점에 서 있다는 생각만으로도 너무나 감사하다.

이 모든 가능성의 문을 함께 열어가는 동료 코치님들께 무한한 감사를 드린다.

충분한 감사

감사를 표현하고 싶은, 여기 이 자리까지 오는데 나에게 영향을 주고 도움을 준 고마운 분들

1. 안동훈 VP

LG에 입사했을 때부터 내겐 까마득히 높은 임원이셨지만, 나를 좋게 봐주시고, 회사 생활에 재미를 붙이고 성과를 낼 수 있도록 기회를 주시고, 고속 승진할 수 있도록 도와주셨다. 회사 밖에서도 큰형님처럼 아껴주셨고, 지금까지도 나를 가장 신뢰하고 지지해주시는 분이다. 그래서 내가 언제나 정신적으로 의지하고, 조언을 구하며, 마음의 안정과 자신감을 되찾을 수 있도록 힘이 되어 주신다.

2. MBA 리더십 교수

MBA 수업 중에서 내게 가장 유익했고 지금 내가 가는 길로 인도해준 분이다. 이 클래스에서는 처음으로 십여 가지의 자가 진단 테스트를 통해 나에 대해 많은 이해를 하게 되었고, 한 단계 더 넓은 시야를 갖게 해주었으며, 내가 그때 쓴 '동서양의 리더십 비교 분석에 대한 리포트'를 그 교수님

은 Best paper로 선정해 주었다. 그때부터 나 자신, 동서양의 문화, 리더십 등에 대해 더욱 깊은 관심을 가지게 되었고, 졸업 후 비즈니스 교육 컨설팅 분야에서 커리어를 시작하게 되었다.

3. 유동수 대표

한국에서 상담으로 독자적인 학파를 일구신 분이고 1인 기업을 운영하시는 분이다. 그분으로부터 상담 기법도 배우고, 코칭에 대한 연구도 같이 하고, 독자적인 코칭 모델을 개발하였으며, 비즈니스 현장에서 코치 리더를 세우고 업무 성과를 향상시킬 수 있도록 돕는 코칭 책을 2권 공저하였다. 80세를 훌쩍 넘기신 연세에도 중국에까지 진출하여 대학에서 학생들을 가르치시면서 '지금이 내 인생의 황금기'라고 말씀하셨다. 내가 작가가 되게 해주신 분, 기업 대표로서의 모델이 되어주신 분이다.

나 또한 많은 이들에게 내가 받은 것을 넘겨주어야 하고, 그들에게는 내가 모델이 되어야 할 책임을 느낀다.

빛나는 나

나의 Top 5 강점은 아래와 같다 (갤럽 강점 진단 리포트 결과).

- Maximizer
- Futuristic
- Significance
- Harmony
- Relator

이런 결과지를 받아들었을 때 나는 너무나 기뻤다. 왜냐하면, 내가 커리어를 시작하여 지금까지 하고 있는 교육과 코칭 일을 전문적으로 하는데 있어서 너무나 적합하고 필요한 강점들이라 생각되었고, 그런 타고난 강점에, 더하여 그간의 한국과 미국에서의 업무 경험, 교육, 성찰, 학습이 더해져 더욱 독특한 내가 되었다.

더욱이, 미국에서 경영대학원을 다녔고, 미국에서 10년 이상의 직장 경력, 자녀교육, 생활 경험을 갖게 되었고, 이를 정리하여 최근에는 책도 펴냈다. 특히 미국 이민을 희망하는 가정, 미국 초기 이민자, 미국에서 꿈을 이루기 위해 오늘도 열심히 살고 있는 한인 교민들에게 내가 코칭 및 교육을 통해 도움을 줄 수 있는 최적의 조건과 누구도 쉽게 카피할 수 없는 콘텐츠를 갖추었다는 사실을 매우 소중하고 자랑스럽게 생각한다.

나는 지금 재의탁의 길에 들어섰다고 생각하며, 10-10-10 운동을 전개하고 싶다.

10-10-10 운동이란, 내가 개발하고 있는 글로벌 코치 인증 프로그램을 통하여 10명의 동지 코치들을 배출하고, 그들 또한 각자 10명의 동지 코치를 만들고, 또 그들이 10명을 만들어나가는 운동을 10년간 지속하자는 것이다.

그를 통하여 최대한 많은 해외 교민들에게 내가 제공할 수 있는 최선의, 최고의 퀄리티 있는 코칭과 교육을 제공함으로써 우리 주변에 많은 코치들을 양성할 수 있을 것이고, 우리 모두 함께 더 좋은 세상을 만들어 갈 수 있을 것이다.

성공한 나만의 브랜드 사진

나의 성공 사진은 이러하다.

나는 한국코치협회 미국 지부장, 미성대 라온 코칭센터 수석코치, Global Leader Training사의 대표이다. 비행기 안에서 나는 와인을 한 잔하며 한국 방문 일정을 검토한다.

전반부는 업무적인 일들로서 기업체 강연, 대학 강의, 고객사 미팅, 코치협회 임원진 미팅, 고객 면대면 코칭, 교육 프로그램 계약, 온라인 프로그램 참가자들 미팅, 서적 사인회 등으로 바쁘다.

후반부는 친구들, 선배들도 만나 회포를 풀고, 동행한 아내와 남해 여행을 가는 일정도 점검한다. 이 일들을 하나하나 머릿속으로 그려보니 미소가 번지고 흐뭇하다.

이런 일들이 가능하게 만들어 주신 주님께 감사 기도를 올리고, 수고한 나 자신을 칭찬해준다. 그 상으로서 나는 와인 한 잔을 더 주문한다.

전문코치로서의 나

전문코치로서 나의 가장 성공한 모습은,

- 내가 진행하는 코치 육성 프로그램에 차수마다 참가자 정원을 채우고 최대한 많은 인증 코치들을 배출하기
- 해마다 100명 이상의 전 세계 고객에게 코칭하기
- 최소 3명의 코치들에게 멘토 되기
- 북미 비즈니스 이문화 코칭을 하나의 새로운 영역으로 세우기
- 글로벌 코칭 컨퍼런스를 기획하여 연 1회 운영하고 사회 보기
- 국내 대기업들의 사외 임원코치로 활동하기
- KSC되기, 코치인증 심사위원 되기
- 최소 5개의 지속적인 Income streams 보유하기

진정한 나를 탐색한 경험은 나 자신에 대해 어느 때보다 깊이 있게 탐구하고, 보다 나은 이해를 갖게 해주었을 뿐 아니라, 내가 열심히 하고 싶어 하는 코칭 일에 대해 내가 코치로서 갖춰야 할 자질, 경험, 능력, 인성, 스킬 등을 충분히

가지고 있다는 사실과 함께, 앞으로 더욱 훌륭한 코치가 되기 위해서는 이들을 계속해서 갈고 닦아야 한다는 사실 또한 재확인할 수 있었던 너무나 감사하고 소중한 기회였다.

사회문화와 나

내가 태어나고 자란 한국과 비교할 때 미국은 상반된 문화적 모습을 많이 가지고 있다. 사람들의 생활방식, 사고방식, 일하는 방식 등등이 내가 한국에서 익숙했던 것과는 많이 달라서 애를 먹기도 하였다. 어떤 부분들은 많이 적응하여 이제 아무렇지 않게 느껴지기도 하고, 어떤 부분들은 아직도 불편하고 어렵게 느껴진다.

미국에서 생활하고 일하면서 배우고 변화된 부분들을 생각나는 대로 간략히 요약해보면.

1. 스스로 문제해결

미국에서는 내 문제의 해결을 도와주고 해답을 손에 쥐어주는 사람은 없다. 주변에 있는 한인 교민들에게 물어도 그들의 대답은 반은 맞고 반은 틀린 경우가 많았다. 그들의 답

변을 듣고 그대로 따르기보다는 나의 의사결정을 위한 참고로만 해야 한다는 것을 알게 되었다.

내가 스스로 리서치하고, 전화해서 묻고, 찾아가야만 문제해결이 가능하다. 앉아서 기다리면 원하는 것을 얻지 못한다는 것을 배웠고, 그 과정에서 이전보다 더욱 적극적인 사고를 하고 능동적인 자세를 갖게 되었다.

2. 오픈 마인드

한국은 단일 민족이 자랑이었던 반면, 미국은 태생부터가 이민자의 나라이다. 전 세계로부터 다양한 인종들이 들어와서 더불어 사는 만큼 내가 가진 기준과 가치관에 의거하여 "내가 옳고 그들이 틀렸다, 그들은 이상하다"는 생각을 했던 적이 많았다.

하지만 많은 경우에 그들 또한 옳았고, 단지 나와는 다른 시각과 접근법을 가지고 있었다는 것을 깨달았다.

타인을 대할 때에 선입견을 버리고, 나와는 너무 다른 사람 또는 무언가를 만나도 그를 적극 수용하고 인정하고 존중하는 마음을 갖게 되었으며, 내가 갖고 있지 않은 미국 문화의 좋은 점은 적극 배워서 내 것으로 만들려고 노력하게 되었다.

3. 혁신

미국의 실리콘밸리는 혁신의 메카라고 불린다. 세상을 리드하는 기술, 생각, 리더들이 모여 있다. 혁신의 요체는 현재가 최선인지를 지속적으로 묻고, 더욱 나은 방법을 매일 추구하는 것인 듯하다.

나 또한 더 나은 인간이 되기 위하여, 더 나은 프로가 되기 위하여 나름대로 많은 노력을 기울였다고 생각한다. 하지만 현실에 안주한 나 자신을 발견한 경우가 많은 것 같다. 이것은 나의 새로운 것을 시도하지 않으려는 경향, 실패와 거절에 대한 두려움, 편한 것을 추구하는 게으름 등에서 비롯되었다.

머릿속으로는 그러면 안 된다는 것을 알고 있지만 몸이 움직이지 못했음을 후회한다. 이젠 매일 최선을 다해 살며 스스로에게 오늘이 나의 최선이었는지 묻고 다음 날을 준비하려고 한다.

4. 한계 두지 않기

미국은 한국과 비교해 보면 나이에 상관없이 교육받고 취업하는 길이 많이 열려있는 듯하다.

한국에서는 직장을 다니다가 어느 정도 나이가 들면 자의든 타의든 그 직장을 나오게 되고 재교육과 재취업이 매우 어려운 듯하다. 특히 여성의 경우는 더욱 그러하다. 사회적으로 나이와 성별에 대한 인식이 그러하고, 재교육과 재취업을 위한 시스템도 부족한 듯하다.

반면, 미국은 누구에게나 기회는 열려있고 자기 하기 나름인 듯하다. 내 아내의 경우 40대 후반의 나이로 미국에서 또다시 대학에 가서 공부하고, 졸업하여 연방 공무원으로서 일을 한다. 대학 진학부터 취업을 하는 과정까지 그녀의 나이가 많다고 해서, 또한 아시안이라고 해서 불이익을 받은 것은 없는 것 같다.

우리는 무의식적으로, 또 어떤 때는 의식적으로, 나이, 성별, 출신, 학력, 경력, 외모 등에 스스로 제한을 두어서 어떤 일을 시작하기도 전에 "나는 못해, 안 돼"라고 자신에게 말하며 시도조차 하지 않거나 포기하기도 한다.

나는 '내가 생각하는 만큼 할 수 있다'고 마음을 다잡고, 앞으로 나의 5년, 10년의 비전과 목표를 이전에 세웠던 것보다 더욱 크고 높게 설정하려고 한다. 왜냐하면 나에게는 무한한 가능성이 있다고 믿기 때문이다.

셀프코칭의 여행을 마치고

나는 사람을 좋아하는 사람이다. 사람들과의 관계는 나의 원동력이다. 나의 가족은 내가 세상을 열심히 살게 해주고 어려운 일이 있을 때에도 다시 일어나게 해주는 원천이다.

나는 사람들과의 관계를 중히 여기고 한번 좋은 관계를 맺게 되는 사람들과는 오래 동안 좋은 관계를 유지하는 편이다. 내가 먼저 그들을 실망시키지 않으려고 노력한다. 하지만 내가 그렇게 하는 만큼 상대방도 나에게 그렇게 해주길 원하지만, 그렇지 못할 경우에는 상처를 받기도 한다. 그러나 내가 사랑하는 사람들, 나와 통하는 사람들, 나에게 가치를 제공하는 사람들과는 오래 동안 좋은 관계를 유지하지만 그런 사람들이 많지는 않다. 나의 관계의 폭은 넓지 않고 대신에 소수의 친구들, 선배들, 후배들과 깊고 긴밀한 관계를 유지한다.

   내게 세상을 살아가는데 있어 가장 소중한 가치는 사랑, 정, 인정인 듯하다.

   나의 관계 안의 사람들과는 끊임없이 사랑을 주고받기를 원하고, 나는 그들에게 도움이 되는 사람이 되어야만 한다고 생각한다. 내가 상대로부터 도움만 받고 상대가 원하는 것을 주지 못하거나 어떤 식으로든 폐를 끼치는 존재가 된다면 그것은 바람직하지 못한 관계이고 나 스스로 그 관계를 끊는다. 나는 누구에게나 도움이 되는, 긍정의 영향을 줄 수 있는 사람이고 싶지, 해가 되는 사람이 되고 싶지 않다.

   나는 나를 사랑한다. 그동안의 삶을 돌이켜보면 나 자신에게 아쉽고 부족하고 후회스러운 면도 많지만 그보다는 여기까지 달려와서 오늘의 나를 만든 것에 대해 대견하고 잘했다고 생각한다. 아내와 아이들을 보면 뿌듯하고 자랑스럽고 고맙다.